U0139662

问答中国

只要路走对，谁怕行程远？

WENDA ZHONGGUO: ZHIYAO LU ZOUDUI,
SHUI PA XINGCHENG YUAN?

陈晋 著

IPG 中国国际出版集团 新星出版社 NEW STAR PRESS

图书在版编目（CIP）数据

问答中国 ：只要路走对，谁怕行程远？ ／ 陈晋著. — 北京 ：新星出版社，2021.5（2022.7重印）
ISBN 978-7-5133-4406-7

Ⅰ．①问… Ⅱ．①陈… Ⅲ．①中国特色社会主义－学习参考资料 Ⅳ．①D616

中国版本图书馆CIP数据核字(2021)第067842号

问答中国 ：只要路走对，谁怕行程远？

WENDA ZHONGGUO: ZHIYAO LU ZOUDUI, SHUI PA XINGCHENG YUAN?

陈晋　著

责任编辑：林　琳
责任校对：刘　义
责任印制：李珊珊
装帧设计：郑　强

出版发行：新星出版社
出 版 人：马汝军
社　　址：北京市西城区车公庄大街丙3号楼　100044
网　　址：www.newstarpress.com
电　　话：010-88310888
传　　真：010-65270449
法律顾问：北京市岳成律师事务所

读者服务：010-88310811　service@newstarpress.com
邮购地址：北京市西城区车公庄大街丙3号楼　100044

印　　刷：北京盛通印刷股份有限公司
开　　本：710mm×1000mm　1/16
印　　张：20.5
字　　数：260千字
版　　次：2021年5月第一版　2022年7月第三次印刷
书　　号：ISBN 978-7-5133-4406-7
定　　价：68.00元

目　　录

第七章　变局 —— 中国与世界

后记

第一章

阅读 —— 读懂中国，难在哪？

看了采访提纲，一共 11 个问题，没有一个是文学问题，全都是政治问题。……提纲中有一个问题：是不是共产党安排你去当一个作家？我告诉他：不是，据我了解，共产党没有安排哪一个人去当作家。

——麦家（中国作家）

带给世界的"意外"

问 这些年在中国采访了不少人，也阅读了一些对外宣传的读物，感觉受访者很介意充满疑问的访谈者或读者，能不能读懂中国。

答 任何国家都希望别人读懂自己。我们感觉，某些国际舆论的议论和判断，不是真实的中国。

问 所以要加大对外宣传。但"宣传"这个词，不见得是个好提法。人们会觉得，中国只对外塑造自己成功的形象，或试图让别人接受自己的价值理念。

答 没有哪个国家不重视自己形象的塑造。关键不在于是不是用"宣传"这个概念，而在于讲的事情是不是"真"的，讲的道理是不是"对"的，讲的方式是不是"巧"的。西方媒体推崇的是：好的宣传，看起来是从没有发生；好的宣传，是让宣传对象沿着媒体希望的方向行进，而他们却认为是自己在选择方向。

不管是叫"宣传"，还是叫"传播"，或者叫"对话""交流""讨论""介绍"，无非都是一种表达。即表达所见所闻，表达所思所想，这就是内容。传播领域讲"内容为王"，至于人们是接受还是拒绝，是改变原来的观点还是无动于衷，都没有关系，起码会由此获得继续阅读中国的参考素材。

问 我们现在开始的问答，就叫对话吧。读懂中国是件很难的事。中国一路走来的历史轨迹，常常在一些节点上出乎国际舆论的判断和预期。

我们就从第二次世界大战以后说起吧。

抗日战争胜利后，谁能够想到，受到美国支持的国民党政权，后来会败在军事实力不足它五分之一的共产党手里，以至于美国人不得不讨论到底是谁丢失了中国。

中国共产党建立这个新的国家时，美联社的一位记者从香港发出一则电讯预测："这个国家太大了，又穷又乱，不会被一个集团统治得太久，不管他是天使、猴子，还是共产党人。"不料，新中国只用三年时间就恢复了经济，这期间还在朝鲜同以美国为首的"十六国联军"，打了一场当时没有人会看好中国的战争。

在以美国和苏联为首的世界冷战格局中，中国站在苏联一边，也就站到了西方的对立面。不料后来和苏联闹翻。和美国关系的改善，竟然是从 1971 年和美国打乒乓球开始的，西方舆论说，这是"用乒乓球改变了世界"。

1978 年，调整政策，搞改革开放，实现了"历史转折"。当时，几乎没有人预料到，中国会发生世界历史上没有见过的"魔术"般变化，成为今天这个样子。

20 世纪 80 年代末到 90 年代初，东欧社会主义国家发生剧变，苏联解体了。中国国内也发生了那么大的政治风波，西方世界开始实行经济制裁，实际是封锁。有人觉得西方"不战而胜"，有人说是世界走向"历史终结"，都以为中国坚持不下去，社会主义是搞不成了，发展道路会发生改变。结果，中国不仅挺过来了，而且发展得越来越自信，让"科学社会主义在 21 世纪焕发生机"。

2001 年加入世界贸易组织，全面融入世界市场。在经济全球化浪潮面前，国际舆论认为中国政治和社会也会发生西方乐见的"自由化"，这个预测至今没有应验。

2008 年出现金融危机，让整个世界面临发展难题。在 2010 年前后，不少人觉得，中国将遭遇经济崩溃，这样的事依然没有发生。随后几年，反而雄心勃勃倡议建设"一带一路"，目前搞得风生水起。

2018 年，美国对华发起贸易战后，双方关系陡然恶化。美国是强势一方，给中国造成的困难显而易见。不曾料到，中国的应战方式是把对外开放的大门开得更大，发起一个国际进口博览会，让世界各国的产品大规模进入自己的市场。

2020 年年初，中国遭受新冠疫情袭击，封闭了一个上千万人口的大城市。当时谁能知道会是中国率先克服疫情的困扰，成为当年世界主要经济体中唯一实现经济增长的国家呢？

列出这么多"意想不到"，有些像一部历史书。"二战"以后中国的发展轨迹，似乎就是一部让人琢磨不透、潜藏许多"秘诀"的历史书。读懂它确实不易。

我抛出这么多疑问，是希望通过对话，寻找一些答案。

答 你摆出的这部"当代中国史"，某些章节可能连中国人都未必深入了解。但总体上看，历史演变的大逻辑，在中国人看来是清晰的，并不感到意外。西方舆论意想不到，可能在方法上有问题。

西方政治家、学者和新闻记者，比较习惯于用"理论"而不是"事实"来推断中国走向，而这些"理论"基本上是从西方的事实和逻辑中得出来的。比如——

从西方经济学和人口学的角度进行预测，认为中国无论怎样努力做，都无法养活这么多人口。

从东西方冷战的政治逻辑出发，认为中国既然没有选择西方，那它就是天然的对手或敌人，势必会像苏联那样被搞垮。

按照西方政治学家提出的"历史终结论"来预测，既然苏联都已经解体"投降"，人类的历史将"终结"在资本主义社会，仍然坚持搞社会主义，哪里还有前途呢？

根据西方发展经济学中的"中等收入陷阱"理论，预测中国虽然经济上发展很快，但前面注定会有个"陷阱"在等待着它，它是跨不过去的，早晚会"崩溃"。

从古希腊历史中寻求论据，用"修昔底德陷阱"来推断中国对世界必然产生威胁，早晚会和美国之类的国家来一场"决战"。

从"文明冲突"理论的角度，设想中国和西方的冲突不仅是必然的，而且关乎西方文明的未来，于是中国必然是西方文明世界的"公敌"。

采用这些来自西方的"理论"来"阅读"，难免会成为"政治想象"或"政治预期"，和中国发展的真实面貌是两张皮，自然会成为"意外"。

读不懂，多半是因为一些人把他们接受的"理论"，转化成了阅读中国时难以割舍的立场，形成先入为主的判断。

因此，站在什么立场来阅读，还是很重要的。

从两位作家的遭遇说起

问   **解释一下你说的阅读"立场"。**

答   先说前几年两位中国作家，分别在西方舆论界的真实遭遇。

科幻小说作家刘慈欣，因为出版有长篇小说《三体》"三部曲"，在 2015 年获得世界科幻大会颁发的"雨果奖"。2018 年 10 月，德国《时代周报》记者在法兰克福书展期间采访刘慈欣时，没有得到自己想要的东西，于是评论说：

现在我们看清楚了，刘慈欣不过是个畅销书作家而已，而不是个政治思想者，你不能期待他在德国酒店大堂里向德国媒体表达什么对中国政府的异议，如果他这样做就太蠢了，因为中国政府正在把他包装成文学界的明星，中国官方的喉舌如《人民日报》，把刘慈欣描绘成"像凤凰的羽毛一样稀少的那类作家"（估计原文是凤毛麟角）。在官方宣传的包装下，他可以在作品中书写一些科幻性的、饱含人类命运忧患意识的太空科学家，但我们要再次强调：刘慈欣根本不是一个社会批判者，也不是一个公共知识分子。

无独有偶。有个专门写悬疑小说的作家，叫麦家，他的作品《解密》《暗算》改编成电视剧后，被称为中国的"谍战剧之父"。像美国的FSG这类作家们很推崇的出版社，也出版过他的作品，发行量不错。2019年9月20日，麦家在《环球时报》发表的一篇文章，记述了他在德国参加一次文学活动期间的有趣遭遇：

有一名德国媒体的记者来采访我。我看了采访提纲，一共11个问题，没有一个是文学问题，全都是政治问题。我问他：你来采访我，是把我当成一个作家还是政治人士？对方说，作家也是政治人士。我告诉他：第一，这不是我想象中客观平等交流的采访报道。第二，这些问题很幼稚，我不接受这种幼稚的采访。那名记者说，如果你不接受采访，这本身就是一种采访，这是一种怯懦或者惧怕压力。我告诉他：我根本没有压力，我是担心你不理解我的意思。比如提纲中有一个问题：是不是共产党安排你去当一个作家？我告诉他：不是，据我了解，共产党没有安排哪一个人去当作家。我一一回答并向他解释了这11个问题。在采访过程中，他的态度渐渐有了变化，他慢慢地理解了我，甚至对中国有了更多理解。他最后还总结了一句话："我发现，当要谈论中国的时候，还是应该跟中国人来谈论。"

两位媒体记者的提问和评论，有种让人感觉怪异的逻辑：在中国，作家必须是"政治人士"，似乎连谁去当作家，都可能是由政府决定和安排的；如果不表达"对政府的异议"，不接受采访，正说明作家们时时处处受到压制，没有言论自由。

这样的推论，出自采访前就已经"固化"的立场和观点。比较起来，采访麦家的那位记者似乎可爱一些，在了解了一些信息后，觉得了解中国，"还是应该跟中国人来谈论"。

问 **看来，了解了一些信息后，也是可以逐步读懂的。**

答 有两句古诗，"横看成岭侧成峰，远近高低各不同"。中国是一道"山岭"，还是一座"山峰"，这是观点；"横看"还是"侧看"，就是立场。

观点是由立场决定的。对同一件事，理解还是不理解，是意料之内还是意想不到，通常情况下有两个原因：掌握信息有差异，根本立场有不同。不了解某件事的全貌和本质，有可能对它的发展轨迹和结果会感到意外；既不了解那件事的全貌和本质，又有先入为主的立场，那么，真相带给他的意外，就会更大。

在政治家的决策中，我们甚至还可以看到这样一种现象：对某件事情，即使两个政治家掌握的信息完全一样，他们仍有可能作出不同的判断和选择。这就是立场。

当然，也有人会把"立场"当作"预见"和"希望"来坚守。

有个叫章家敦的美籍华人，2001 年出版一本《中国即将崩溃》，还上了《纽约时报》的畅销书排行榜。他断言，中国短时间内就会"崩溃"。2002 年，他一看还没有崩溃的迹象，又在香港特区的一个演讲中说，崩溃的时间推迟到 2010 年。结果，正是 2010 年，中国经济规模超越了当时世界上第二大经济体日本。

20 年过去了，还没有崩溃，章家敦的认知，也没有改变。或许，固化的立场，使这类"读者"假装看不见真相，甚至已经不需要认真阅读中国了。

问　　**我还是觉得，了解信息是很重要的。执政德国 14 年至今还在台上的总理默克尔女士，曾经 12 次访问中国，而且习惯上是访问北京后总要到别的城市走一走看一看。2019 年 9 月，她在武汉访问时说："尽管我们的制度完全不同，但我必须说，中国正在做很多建设性工作，以便让民众从较为贫穷的生活水平进入中产阶层。"她还说："我们当然抱有不同的政治观点，这根本不是问题。"**

答 了解信息确实重要。默克尔总理的阅读方式说明，即使站在自己的立场上看问题，只要不偏执和傲慢，也会得出比较理性和客观的结论。政治观点不同，立场不同，并不会妨碍人们去认真了解自己不太熟悉的国家和人民。

当然，掌握信息，阅读中国，也有个方法和角度的问题。

担任过法国政府总理的拉法兰先生，自 20 世纪 70 年代以来，到访中国 100 多次，把他了解到的信息和自己的判断，写进《中国广角》《一带一路规划大事件》和 2019 年出版的《中国悖论》。2001 年我在法国采访他的时候，他曾签名送给我一本他写的关于时任总理朱镕基的书。他的阅读方式，是频繁和持续的观察，看大局和走势。

拉法兰的《中国悖论》说：对许多欧洲人来说，中国是一大威胁，这是由于欧洲对这个复杂又看似自相矛盾的东方国家缺乏了解。定义中国是发展中国家还是发达国家，从不同角度可以得出不同结论。"中国拥有集权的政体，但地方政府也拥有很大权力；污染问题十分严重，但同时是世界清洁能源领域的领军者；是全球第二大经济体，但人均收入仅排第 82 位，在智利和保加利亚之后。"因此，"在这个复杂的国家，每当我庆幸自己对中国的认识又进了一步时，却在接下来的几小时内看到相反的一面。"

看来，要义在看中国的全局和走向，看成长和发展，看内部复杂甚至矛盾的故事。基本观点应该来自基本事实，而不是个别事实。从个别事实中可以推导出自己想要的结论，但这样的结论常常是不可靠的。

拉法兰是否读懂了中国，见仁见智；他的阅读立场和方法，却不失为一条有效途径。中国人并不认为自己国家一切都好，不介意别人定义成一个复杂甚至矛盾的国家。

为什么会"横看成岭侧成峰"

问 　要读懂一个曾经陌生，现在也不算太了解的国家，即使拥有足够信息，甚至转换立场，也难实现。因为各国都有自己的利益所在，还受其文明和价值观的支配。

答 　确实。阅读中国，为什么会有不同立场？秘密在于阅读者的利益需求和价值观支配。

中西方虽然有利益分歧，但毕竟存在不小的"利益汇合点"。如果有寻求和扩大"利益汇合点"的想法，阅读中国，无论是"横看成岭"还是"侧看成峰"，各种观点都是可以讨论的。

现在的问题是，许多关于中国发展起来后一定会对世界形成威胁的言论，靠的是将来一定会怎么怎么样的假设，也没有拿出中国在历史或现实中，确实给别人带来伤害的证据。看起来，这属于被"假设"的利益驱动，导致不负责任的"误读"。

问 按西方的历史逻辑，每一个大国的崛起，总会不断拓展延伸它的利益边界，担心中国的发展导致自身利益受损，是可以理解的。

答 中国的发展，引发别人担心，虽属人之常情，但毕竟不宜把"担心"作为阅读的出发点。

拉法兰出版《中国悖论》后，法国电视台《政治节目》的主持人问他："您的描述让人觉得中国人都是爱好和平与对话的'天使'，他们被误解了。中国深入投资非洲、收购欧洲港口等做法不正是'侵略性扩张'吗？"

拉法兰以他的方式回答说："中国当然要谋求发展，要保障自身利益。您能找到一个不寻求维护自身利益的国家吗？中国在历史上从来不是好战者，参与战争是因为先被侵犯。中国人发现非洲比欧洲人早，但从未殖民非洲。中国也从未主张扩张主义、军事帝国主义等。所以，恐惧中国才是最糟糕的事。"

是不是有些奇怪？如果把投资非洲、收购欧洲港口这类正常的商业活动视为"侵略性扩张"，那又该怎样解释发达国家在发展中国家比比皆是的"深入投资"呢？又该怎样解释欧美国家的企业和资本在中国市场的许多收购之举呢？没来由的不合常理的利益"担心"，难免生出没来由不合常理的误读。

把中国当朋友，不一定成为盟友，但肯定不会成为敌人。中国发展向世界拓展延伸的方式，从来是竞争而不对抗，结伴而不结盟。如果把中国当敌人，很可能就真的在自己的想象世界里创造出一个"敌人"，往现实世界看去，满眼都会是这个"敌人"的影子。

中国有句成语，叫"邻人疑斧"。是说有人丢失了一把斧头，他怀疑是邻居家儿子偷的，于是便仔细观察，发现这小伙子走路的姿势，说话的声音，面部的表情，都像是小偷。不久，他在自家屋子里发现了那把斧头，再观察那个疑似偷斧头的小伙子，觉得走路的姿势，说话的声音，面部的表情，都很正常，不像是小偷。

一些人阅读中国，是不是有些像这个以为丢失斧头的"邻居"呢？

问 **现在说说影响读懂中国的价值观。**

答 我的感觉是，现在的西方政坛、媒体及智库的骨干，都是第二次世界大战后出生的，他们认识和判断事物的思维方式和价值标准，和经历过"二战"的老一代人，已经有明显区别。

因为有"二战"的伤痛，老一代人在看待异己的事物时，通常是"求同"先于"存异"，"竞争"多于"硬撞"，搞好自己的事重于干预别人的国，寻找盟友多于树立敌人。这就是美苏"冷战"将近半个世纪，终究没有演变成世界性"热战"的原因。1962 年古巴导弹危机，在千钧一发之际，美苏两个超级大国也能够相互妥协。

西方今天的某些精英，多少改变了先辈们的处事方式。维护自身利益和价值观，更倾向于"零和"博弈，重"存异"轻"求同"。如何"存异"，如何"求同"，也偏于实用主义。这就导致价值标准不确定，有时候甚至自相矛盾。在阅读中国的时候，容易采用两套价值标准，对中国一套，对自己一套，结果是出现"先天性误读"。

比如，关于中国的制度体系和治国理政方式，表面上是西方关注的焦点，实际上可能是一个盲点。因为对己对人是两套价值观，虽然在关注，但难免是雾里看花，最终看到的只是自己愿意看到的。

价值观支配的阅读，自然会预设前提和标准，容易形成这样一种阅读逻辑：中国虽然也在现代化过程中，但采用的制度、拥有的文明、实现发展的道路，和西方的现代化模式不一样，不符合西方的价值准则，是个异类。所以，我们不信任你，要质疑你。

问 **这个指控可能很严重，能举个例子吗？**

答 2019 年，香港黑衣暴徒冲进香港立法会机构，美国一位政治家说是"一道亮丽的风景"。

2021 年，特朗普拥护者冲进美国国会大楼，还是这位政治家，又说是"对民主的无耻攻击"。

同样一座山，横看，是绵延的山岭；侧看，它变成了孤立的山峰。

问 **看来，这里面会有很多故事。**

答 有幅传播很广的照片，貌似一名香港警察躲在墙角打冷枪。看起来好像是这么回事，"有图有真相"。但"真相"被不久公布的同一位置的俯拍全景照片揭穿：一个警察在孤零零地执行公务，周围挤满了 100 多个记者，所有的镜头都对准这名警察，就是没有一个对准前方的暴徒。人们只看见自己想要看到的东西，而作为记者，只报道自己想要报道的东西，就有些黑色幽默的感觉了。

合法的游行集会参与者，一般都不会故意隐瞒身份，或者把自己的脸蒙起来不让别人看见。否则，会容易滋生犯罪意图，放纵犯罪行为。几乎所有的西方国家都有禁止蒙面的法律，美国早在 1845 年就制定了禁止蒙面的法律。最严厉的是加拿大，违反"禁蒙面法"的人最高可处 10 年监禁。中国香港特区政府 2019 年制定《禁止蒙面规例》时，美国等西方国家却告诉香港特区政府，不得通过这部法律，而且语带威胁。

　　我感觉，"阅读"中国，如此使用双重价值标准，如果诚实，内心应该会有纠结和不安。因为它伤害了民主自由的崇高含义。

中国人的耐心和信心

问 **面对西方的舆论氛围，是不是感到委屈？**

答 无所谓"委屈"。中国的文化软实力，在国际舆论上的主动权，还没有上来。西强东弱、西强中弱的舆论格局，在相当一段时间里难以改变。

早些年就流行一种说法，近代以后，中国似乎注定要经历三个阶段，挨打——挨饿——挨骂。为摆脱第一种处境，中国人搞革命，经历了一个世纪（1840—1949），建立新中国，不再挨打；为摆脱第二种处境，中国人搞建设，搞改革开放，通过持续发展，用了70年左右的时间（1949—2021），全面建成小康社会，消除绝对贫困，不再挨饿；目前，中国处在力求摆脱第三种处境的阶段。对此，我们有心理准备，有历史的耐心。

问 **有什么样的心理准备？**

答 就是不指望短时间内能够化解"挨骂"状态。关键是要办好国内的事情，办好自己的事。一是要切实改进和完善一些不足的地方，包括"骂"者们指出的一些确实应该纠正的问题。二是要稳定发展，不出大的乱子，对外始终坚持走和平发展道路。让历史来证明，中国的进步是不可遏制的，中国的发展对世界是有好处的。到一定时候，那些有意"误读"的人，心态和想法自然会出现变化，我们无端挨"骂"的情况会少一些。

问 如此漫长的历史安排，真的是有历史的耐心。中国太复杂，因为从头到脚似乎都长着让西方感觉陌生甚至隔膜的样貌，还有一股很自信的"精气神"。这样的国家形象，似乎又增加了读懂的难度。

答 其实，人有时候也需要读懂自己。

问 你认为中国人读懂自己也是件难事？

答 起码是件不容易的事。讲述中国，有两种现象值得注意。

一种是"妄自尊大"。以为自己样样都了不起，不大愿意谈不足和缺点，包括已经发生和可能发生的各种风险挑战。实际上，多年的持续发展，把中国带到了一个没有先例可循的位置。"发展起来以后的问题不比不发展时少"，这是改革开放总设计师邓小平在晚年的一个预见。今天的中国，需要有忧患意识。

一种是"妄自菲薄"。新中国成立以来，经过几代人的持续努力，面貌和过去大不一样。就像一个人，个子长高了，穿在身上的旧衣服显得很小，如果他对人说：看，我穿的还是小孩衣服，还没有长大呢！这就是妄自菲薄，是一种不自信的表现。实际上，别人看着你鼓鼓囊囊的身体，不仅不相信你说的，还觉得你很不诚实，显得滑稽。

知识界也在争论邓小平提的"韬光养晦"需不需要继续坚持。如果这个概念指的是不称霸，不自以为是，不说大话，不干预别国内政，不在世界上当老大，不惹事不生事，不动摇办好国内事情的战略定力，那么，是应该继续坚持的。

如果把"韬光养晦"理解为故意矮化自己，以无所作为来躲过长大以后必然面对的压力和责任，或者为了缓解压力、减轻责任，甘愿放弃自己的核心利益，那肯定是不现实的，也没有必要。这是"庸俗的谦虚"，反倒让别的国家的人民看不起，或者引起别人更多的猜疑。

我们面对的压力，有的可以通过灵活的方式来处理，有的是无论怎样灵活都无济于事。在别人不讲道理、不顾一切挤压你的时候，你如果不维护自身的正当利益，还以

"韬光养晦"自诩，恐怕连普通老百姓都会起来反对你。

问 **你既反对"妄自尊大"，又反对"妄自菲薄"，岂不是典型的"中庸之道"？看起来不偏不倚，实则没有立场。**

答 这不是立场问题，是有没有自信的问题。自信不是"妄自菲薄"，当然也不是"妄自尊大"。只有用"不偏不倚"，中庸理性的态度来面对压力和责任，进而和别人诚恳对话，才可能让其他人看到一个真实的中国，进而去读懂它。

问 **读懂中国，还有什么障碍？**

答 对外话语表达。由于中国和西方缺少文化默契，容易显得有隔膜。比如，我们常说西方误读和评判中国，是"刻舟求剑"，是"削足适履"，包括我前面说的"邻人疑斧"，有点文化的中国人一听都懂，觉得非常恰当而且含蓄幽默，但外国人听了则莫名所以，把它们翻译过去，需要好几段话，而且味道也会变许多。

有的对外传播交流，描述中国，特点是严肃、大气、准确、鲜明，这是需要的。不足是缺少实感，容易让听者、读者失去耐心和兴趣。遇到"异见"强烈的人，还会说你这是文件语言，显得空洞；遇到那些不搞政策研究的西方人，会认为你没有在讲真实的中国。

中国经常面临这样的"舆论困境"，哪怕讲的内容是真实的，由于有隔膜，仍然不能在第一时间把消息传递出去。于是，"真理还在穿鞋的时候，谣言已经跑遍天涯"。

问 有这类对话交流障碍的具体例子吗？

答 我们曾经采访过一位参与中国加入世贸组织谈判的官员，他讲过一个真实的对话交流出现障碍的事情。谈判中，美国代表提出中国的农业补贴问题，回答这个问题的是农业部的一位年轻处长。他按国内的话语方式讲"三农"（农业、农村、农民）政策，说中国农民很辛苦，有些农民卖了粮食还拿不到钱，政府打的是"白条"，等等。中国代表团的其他成员很着急，这不是答非所问吗？奇怪的是，他讲完后满场鸦雀无声，居然没有像别的问题那样追问，这个问题就这么过去了。

为什么这样顺利？因为中国的政策话语，先翻译成英语，再翻译成法语和西班牙语，其他代表并没有听懂，比

如"打白条",一般人根本不知道什么意思。不懂,当然
也就提不出问题了。

问 　　**这个例子有意思。在谈判中,这或许是侥幸;从对话角度讲,的确不算成功。**

答 　　这类事情提醒我们,讲好"中国故事"不容易。要避免讲冗长的、没有针对性的、不切实际的话,多讲简短、平实、新鲜的话。新时代中国一直在努力改进。

第二章

诉求——中国愿望

共产党并不曾使用什么魔术，他们只不过知道人民所渴望的改变，他们发动了这些改变。

——白修德、贾安娜（美国记者）

在鸟声擦亮的早晨，我从一滴露珠的睡眠中醒来，看见山还是山，水还是水。大地被季节打扫得干干净净，而落叶是秋天的信笺，被风盖上邮戳，吹向远方。诉说着，寄往春天的相思。

——沈江河（中国农民诗人）

四条街道的"密码"

问 　　**读懂中国，人们最先想要弄清楚的是中国到底想要什么；追求什么；是什么样的驱动力，让中国人如此发奋地改变自己的面貌。**

答 　　了解中国想要什么，先要知道中国不想要什么。

　　人们要回答的不是一道逻辑题，而是一道历史题。中国人今天想要什么，是因为近代历史曾经告诉中国，不能有什么，应该避免什么，在走向未来的行程中应该追求什么。

问 　　**我知道你要说什么。西方人常常不理解，谈自己的今天和明天，中国人总喜欢从昨天开始，从近代以来的遭遇说起。**

答 　　中国人很敬畏历史。许多时候，他不是从理念来推导未来，而是习惯于从曾经经历的事情和陷入的处境中来推导未来。今天会怎样，不是因为"昨天之后注定会有个今天"，而是靠你在昨天经历了什么遭遇，积累了什么经验来决定的。

中国人不是无缘无故地喜欢谈论近代历史，而是因为近代以来的遭遇，在相当程度上已经沉淀为中国人认识世界、认识自己的基本参照，成为他们"不想要什么"的理由，"想要什么"的动力。

就说说中国共产党成立前，人们是怎样梦想中国的。

直到今天，人们还习惯把中华人民共和国称为新中国。"新中国"这个称谓是怎样来的呢？1888 年，康有为慨叹：中国看来是要亡了，既救之不得，又不忍坐视不顾，怎么办呢？我真想乘船去海外居住发展，比如，去"经营殖民地巴西，以为新中国。"

"新中国"毕竟只能建在自己的土地上，而且，很早就有人充满热情地去想象和描绘。康有为的学生，著名政论家梁启超在 1902 年发表了一篇政治幻想小说，叫《新中国未来记》，里面描述了 60 年后的中国模样。

对"新中国"构想得更加仔细的，是一位叫陆士谔的上海老中医。他在 1910 年也发表了一篇小说，名字就叫《新中国》。小说的主人公酒醉后梦游未来，发现未来的新中国收回了帝国列强设立的"租界"，上海的工人们过上小康日子，不少有钱人把自己的金银细软搬到船上运往外国投资。作者还写到上海有了地铁，有一座铁桥跨过黄浦江通向浦东，而浦东到处都在"辟地造屋"。

这些在今天做到的事情，竟然在 100 年前就被这位老中医"梦想"到了，无意中，把"新中国"想象成为实现历史愿望的应许之地。

他们为什么会在 100 年前"梦想"新中国？因为当时的中国实在是跌落到了谷底。他们看到的和遭遇的，是 1900 年的八国联军打入北京，是清王朝政府的统治危机四伏，无药可救。为摆脱旧中国的厄运，他们要梦想未来。

这些梦想的本质，就是中国共产党的主要创始人李大钊在当时提出的诉求：实现"中华民族之复活"，今天我们称之为"中华民族伟大复兴"。

受李大钊影响的毛泽东，当时提出一个气魄更大的诉求："改变中国和世界"。果然，今天的中国，迎来世界"百年未有之大变局"。

问 **这些诉求，或许就是中国"想要什么"的愿望，但还不是很具体。**

答 如果没有具体的步骤，再宏大的愿望也实现不了。我们还可以从今天司空见惯的一些现象中，体会一下中国人具体想要什么。想必你会发现中国许多城市都有一些相同名称的街道。

问 倒也是的。我在好几个城市里都碰到叫"北京路"的街道。有一次，我在上海顺着西藏中路走着，一拐弯，就到了北京西路，当时感到很好奇，也很困惑，上海的街道为什么叫"北京路"。

答 这还不是最典型的。中国城市的街道名称，重复率最高的有四个：中山路、解放路、人民路和建设路。为什么这四种路名的存在感最强？它们潜藏着中国人想要什么的"密码"。

"中山路"，是 1945 年抗日战争胜利后，一些城市为纪念中国革命的先行者孙中山设立的，有告慰中华民国"国父"的意思。

"解放路"，主要指代 1949 年左右人民解放军攻占各个城市的时候，部队入城经过的街道，它们大多处于比较繁华的市区。

"建设路"，大多源于新中国成立初期，各个城市大搞工业化建设的时代风气。像四川成都、河南洛阳的建设路，便得名于一些大型工程项目与工厂企业沿路而建。

"人民路"，表达的是摒弃旧的社会风俗，迎接人民当家做主的新时代。

江苏苏州的人民路最有意思。这条街道先后叫"三元坊""护龙街""中正街"。叫"三元坊"，是为了纪念苏州在清朝出现的第一位"连中三元"的大才子；叫"护龙街"，是因为清朝乾隆皇帝下江南时，巡视苏州，苏州的官员曾经在这条街上集体拜迎。抗日战争胜利后，"护龙街"改名为"中正街"，因为当时的国民党最高领导人蒋介石，本名"蒋中正"。1952年，苏州这条重要的南北大动脉，决定与封建社会、民国时期的社会元素说再见，改名为"人民路"，宣告城市的主人是人民。

这些街道名称，沉淀着几代人的历史愿望和价值诉求。

"中山路"要表达的是对孙中山领导民主革命、推翻封建王朝、创建共和国的纪念。"解放路"要表达的是1949年的巨变，让中国人民从帝国列强、封建主义和官僚资本主义"三座大山"的压迫下解放出来了。"建设路"则表达了新中国成立以来的主要历史任务，就是搞现代化建设。"人民路"表达的是，人民是新中国的主人。

问 从普通的街道名称，读出这些内涵，听起来确实有趣。但西方国家似乎并不习惯这样来阅读。

答 这样阅读，属于回到历史常识。只有了解中国的近代历史，才能真正理解今天的中国，最不想要什么，最想要什么。

中国曾经是一个了不起的国家，在以自我为中心的状态中生存了几千年。1840年走入近代历史，突然遭遇由强而弱的巨大落差。

西方近代的历史是从两件事情开始的：文艺复兴和地

理大发现。前者把人从神的束缚中解放出来，后者是让解放出来的人通过环球航行，把自己的愿望和意志扩张到整个世界。为此，西方创造了征服世界的先进工具——工业文明。这就奠定了近代西方"想要什么"的心态：我想要的，能够得到；按我的模样塑造世界，可以做到。

中国比欧洲晚了几百年才走进近代历史，也是从两件事情开始的。

一件事叫"花瓶的碎落"。尽管19世纪前期中国创造的财富仍然占到整个世界的20%以上，但封建社会的统治方式和社会生产方式，已经远远落后于世界发展潮流。当时的中国，就像一个古老易碎的青瓷花瓶，看起来硕大精美，却经不起外部世界哪怕轻轻的一击。从1840年第一次鸦片战争开始，远道而来的西方"客人"，毫不客气地对中国实行野心勃勃的征服和掠夺。

再一件事叫"悲情地追赶"。过去中国以为自己是世界的中心，帝国的衰落，突然把它推向一个茫然不知所措的世界洼地。唯一能做的，就是想方设法追赶世界发展潮流。于是，充满悲情地向国外特别是西方学习，不断交出昂贵的学费，希望能换取"真经"。

"花瓶的碎落"，让中国人经历了各种苦难，从而明白他们最不想要的东西是什么。

"悲情地追赶"，让中国人竭力奋起，从而明白他们最想要的东西是什么。

从"最不想要的"到"最想要的"

问 **近代中国，到底告诉你们不想要什么和想要什么？**

答 最不想要的有三样东西：混乱失序、屈辱压迫、贫穷愚昧。与此相应，最想要的也是三样东西：统一稳定、平等自主、富裕文明。

摆脱"最不想要的"，实现"最想要的"，合起来，就是"中国愿望"。

这三大愿望，像是从昨天发来的三个"通知"，每一个"通知"既是诉求，又是使命。由于近代以来中西方发展水平落差太大，中国对这三个诉求，比任何一个国家都要敏感和强烈；实现使命的过程，也显得格外曲折和剧烈。

问 **先说说摆脱混乱失序、追求统一稳定的愿望。**

答 从 1840 年到 1949 年，在 100 多年的时间中，中国长期处于战乱之中。看起来是大一统的国家，实际上已经是一盘散沙。人口虽然多达 4.5 亿，比当时欧洲的人口总和还要多，但控制中央政权的统治者缺少社会动员和组织能力，全社会缺少凝聚力，极度混乱，由此让国家失去许多尊严和自信。

1911 年推翻清王朝政府，建立中华民国。但各地却由军阀把持，没法统一和稳定，人们看不到扭转混乱局面的希望。

从 1912 年到 1949 年，中华民国这个国号叫了近 40 年。1928 年之前，控制北京中央政权的军阀首领，像走马灯一样不停地变换。出任过总统或国家首脑的有 7 个人，当过政府总理的有 26 个人。政府内阁变动次数就更多了，据不完全统计有 47 次，其中最长的存在 17 个月，最短的只有两天。乱世英雄起四方，有枪便是草头王。地方政权，经常是大大小小的"土皇帝"之间纷争不已，都是靠枪杆子说话。

国民党 1928 年在形式上统一了中国。从中央到地方，却分成许多派系，相互之间时常兵戎相见。统治山西近 30 年的军阀阎锡山，把山西境内的火车铁轨修得窄一些，起到了防止外省势力侵入的作用。四川军阀多如牛毛，大的占一二十个县，小的占几个县。每个"占地为王"的军阀，为了证明自己的势力，都要各搞一套"大而全"的东西。比如，除了中央政府有自己的海陆空三军体系外，割据东北、广东的军阀，也有自成体系的海陆空部队，连只拥有四川十几个县的一个军阀，也自称海陆空三军司令，只是因为他购买了几架飞机。

乱局带来的不光是国家政治悲剧、经济秩序和老百姓的日常生活无法维持稳定，无数老百姓更不得安身立命，到处流离失所。打了14年的抗日战争，导致3000多万人的死亡，其间，因为黄河决口，就有几十万人葬身鱼腹，480多万人倾家荡产，上千万人无家可归。

民国时期，通货膨胀到什么程度？说出来都吓人一跳。100元法币，在1937年能买一头牛，1941年能买一头猪，1943年能买一只鸡，1945年能买一条鱼，1946年能买一个鸡蛋，1947年买不到半盒火柴，到1949年5月，只能买0.00245粒大米。

也就是说，如果以1937年为标准，国民政府印发的纸币，到1945年6月上涨了2133倍，1948年8月是725万倍，新中国成立前夕是31667万倍。有个形象的说法，在1949年年初的上海，你需要挑一担钞票才能到饭馆里去买一碗面条来吃。

问

这样的乱局，很有些像今天人们说的"失败国家"。

答

为了扭转混乱局面，中国人做了很多努力。前面说的政论家梁启超，1902年梦想"新中国"的时候，还提出"中华民族"这个概念，意在增强社会的凝聚力，走出自在散乱的状态，联合成一个自觉群体，进而形成一个命运共同体。

打个比方。人们在北京的天安门广场、伦敦的白金汉宫、纽约的时代广场、巴黎的凯旋门，悠闲散步、匆匆路过或漫无目的地参观，这时候，他们是同一个空间下各怀心事的"自在体"。如果有人突然大喊一声，"地震了""有炸弹"，这些各怀心事的"自在体"便成为一个有心理共振的"自觉群体"，他们接受的信息和夺路逃生的反应便趋于一致。

形成"中华民族命运共同体"的愿望，对解决一盘散沙的乱局，就起了这种猛喝一声的作用，从而使统一和稳定成为人们最想要的东西。

1949 年，中国共产党实现大陆地区的统一。20 世纪末以"一国两制"的和平方式，让香港和澳门跨过漫漫长夜回到祖国的怀抱。现在，就只剩下台湾了。今天的中国人觉得，将来统一台湾，会是实现中华民族复兴大业的重大标志。

近代乱局还"通知"中国人，没有稳定就没有一切。所以，新中国不搞联邦制，而是统一的单一制国家，强调中国共产党在政治上的集中统一领导，把国家的统一、民族的团结、社会的和谐、人民的安居乐业，看得格外重要。

改革开放的总设计师邓小平甚至还说过一句名言："稳定压倒一切。"中国政府的治国理政，由此形成改革、发展、稳定这样一个"三脚架"。没有稳定，再好的执政思路，再好的发展思路，都无从谈起。

问 **谈谈摆脱屈辱压迫、追求平等自主的愿望。**

答 　近代中国人所受的屈辱压迫，主要有内外两个方面。来自外部的，有近代以来帝国主义列强的侵略压迫；来自内部的，有封建和半封建统治者对人民大众的剥削压迫。

　追求平等自主的愿望，相应地也有两个方面，一是建立独立自主的国家，同世界各国平等相处；二是实现国内各种人群在经济、政治、社会等方面的平等关系。

问 **有些像政治宣传，能说得具体一些吗？**

答 　先说来自外部的屈辱和压迫。

　至今，人们还能从拍下的一些老照片中，看到这样一些中国人形象：穿着长袍马褂，脑后拖着辫子；或斜躺在床上，手里捧着长长的烟枪；或拉着洋包车奔跑，双眼却显得迷茫。

　西方人还用摄影机拍下一段"大变活人"的魔术资料。在这段影像中，"变"出来的西方人，个个威武雄壮；最后"变"出来的是一个留着小辫子的中国侏儒，刚一出现在舞台上，就受到此前"变"出来的那些西方人戏弄和殴打。

毛泽东说过，在近代以来的一个世纪的时间里，"全世界几乎一切大中小帝国主义国家都侵略过我国，都打过我们"，除了最后一次抗日战争外，"没有一次战争不是以我国失败、签订丧权辱国条约而告终"。

八国联军打进北京后，迫使中国和他们签订的条约中，要中国向 8 个国家赔偿白银 4.5 亿两，理由是这个国家有 4.5 亿人口，必须人人有份。所有中国人在屈辱和压迫面前，都不能置身事外。

除了香港、澳门被长期租占外，一些国家在北京、天津、上海、武汉、青岛等地，建立起脱离中国主权的"租界"，甚至长期驻扎军队，其军舰或商船享有在中国内河航运的特权。

让人惊讶的是，从 1853 年起，连最直接体现国家主权的中国海关大权，也一直掌握在帝国列强手中。一个叫赫德的英国人担任中国海关的总税务司长达 48 年。1927年，担任上海江海关税务司的英国人梅乐和，搬到上海海关大楼办公时，曾用他戴的钻石戒指在窗户玻璃上刻下了自己的名字，以示"不朽"。

中国已经不是一个完整定义上的独立国家，1949 年以前，是一个半殖民地国家，就是说，主权是不完整的。

中国一直尝试着收回丧失掉的国家主权、废除不平等条约。1919 年第一次世界大战结束后，属于战胜国阵营的中国，提出把战败国德国在山东半岛的权益收回来。这个可怜的诉求，被英、美、法三国主导的"巴黎和会"拒绝了，山东半岛的权益反而被转给了日本。人们的痛苦和绝望，真是到了顶点。

你知道中国革命先行者孙中山去世时的临终愿望是什么吗？"必须唤起民众及联合世界上以平等待我之民族，共同奋斗。"诉求是多么的朴实，希望世界上有"平等待我之民族"，希望国家不分强弱、大小能够平等相处，希望中国能够成为国际大家庭中的平等成员。

讲述这些过去的事情，不是"记仇"，而是说，中国人对以强凌弱的不平等国家关系，有着非同一般的经历和感受。

中国人终于明白一个道理，只有自己站起来，才可能有平等地位。这就可以理解1949年新中国成立的时候，毛泽东为什么要说"中国人从此站立起来了"。这句话，在人们心灵深处唤起强烈共鸣。"站立起来"，不是说高人一头，其实质是平等地"自立于世界民族之林"。

1949年以后，新中国的内政外交，始终把独立、自主、安全、尊严摆在突出位置，始终把"和平""主权""平等"这些理所应当的交往原则，作为处理国际关系的"生命线"。70多年来，中国和西方之间发生的许多故事，中国对外部势力干预自己的内部事务那样敏感、那样反感，都与维护这条"生命线"有关。

问 你的意思是，中国人想要的，就是独立自主地去做自己的事情，不对别人指手画脚，也希望别人不要对自己做的事情指手画脚？

答 平等的国际关系，确实应该这样。

问 再谈谈近代中国人遭遇的来自内部的压迫和不平等。

答 毛泽东说"中国人从此站立起来了"，既指消除外部压迫，实现民族独立，也指摆脱内部压迫，实现人民解放。

我们把旧中国看成是一个半封建国家，意思是近代以来，中国社会的资本主义因素有所发展，1911年还推倒了封建制度，建立起亚洲的第一个共和国。完全意义上的封建社会是不存在了。但是，民族资本一直受到外国资本和国内封建经济的双重挤压，发展缓慢。在政治上形成的人数不多的民族资产阶级也受到挤压，始终成不了大气候。

更主要的是，处于社会底层的人，包括受地主盘剥的农民，在工厂里做工的工人，在封建军阀队伍里讨生活的下层士兵，在传统礼教压迫下挣扎着过日子的女性等，在政治上受压迫、经济上受剥削、社会关系上受歧视，他们占人口的绝大多数。

农民在经济上受剥削、政治上受压迫，有一个典型例子。

20 世纪 20、30 年代，四川省拥有一个军以上的实力军阀有 8 股。他们各自向其管辖的地区收税，收税之多到了什么程度？田颂尧的二十九军，1935 年已预征田赋到 1978 年；邓锡侯的二十八军，1935 年已预征田赋到 1991 年。更匪夷所思的是，湖南省慈利县，1931 年，田赋已预征到 2017 年。这样的盘剥和欺压，可谓是天下奇闻。

如此境遇，自然成为中国人最不想要的东西。

新中国成立后，结束了这种压迫状态，重建了社会秩序。主张官员和群众之间，不同社会职业之间，男人和女人之间，社会地位一律平等。

平等，也就意味着民主。

费孝通教授在 1949 年新中国成立时发表文章说："我很早就听见过这民主两个字……但是究竟怎样才算是一个民主的社会呢？我不明白。"他参加了在北京召开的各界代表会议，一进会场，看到的是"穿制服的，穿工装的，穿短衫的，穿旗袍的，穿西服的，穿长袍的，还有一位戴瓜皮帽的——这许多一望而知不同的人物"，大家聚集在一起发表政治意见。费孝通由衷感慨："最近这 6 天，我上了一课民主课，所得到的多过于过去的 5 年，甚至 30 多年。"

不光是费孝通有如此感慨，民主建国会的政党领导人黄炎培，在 1949 年最后一天发表文章说："一九四九年是每一个人抬头的第一年，是群众抬头的第一年，今后我们做人，不可以不认识人，不可以不认识群众。"从这里起，人的生命宝贵起来了，人的生活被重视起来了。"

"抬头"和"人的生活被重视起来"，就是当时人们理解的"中国人从此站立起来了"的含义。

平等和民主，目的是让国家成为人民的国家。

什么叫人民的国家？新中国的名称叫"人民共和国"，国体叫"人民民主专政"，政体即国家权力机构是"人民代表大会"，政权叫"人民政府"，军队叫"人民解放军"，国家机器叫"人民法院、人民检察院、人民公安"，经济社会公共部门叫"人民铁道""人民邮政""人民银行"，学校老师叫"人民教师"，看病的地方叫"人民医院"，作家们办的刊物叫"人民文学"，连使用的货币，也叫"人民币"。

为什么都有"人民"二字？那是真心实意地要实现社会关系的平等，并且在经济、政治、社会、文化各方面，让"人的生活被重视起来"。

问 **说说人们摆脱贫穷愚昧，实现富裕文明的诉求。**

答 20世纪50年代，我们经常用"一穷二白"来形容自己的国家。所谓"穷"，是指生活水平低，生产力水平低，人们普遍不得温饱。所谓"白"，意思是人们的文化知识就像一张白纸，没有任何记录。借指中国存在大量不识字的文盲，全社会科学文化水平低，精神世界贫乏，愚昧落后的习俗比比皆是。

先说中国的"穷"。

历史总是在比较中看出差距。1949 年中国的人均国民收入是 27 美元，而亚洲各主要国家的人均国民收入是 44 美元，其中印度是 57 美元。1950 年，有记录的各国人均国内生产总值，由高到低进行排列，中国位列倒数第 7 位，说是世界上最贫穷的国家之一，不会有异议。

生产出足够多的粮食，让 5 亿多人吃上饭，不饿死，成为新中国成立后的头等大事。一直到 1974 年，第一次世界粮食会议在罗马召开，各国代表还听到一个恍若世界末日的预测：由于人多地少等原因，中国绝无可能养活10 亿人口。

这个预测没有应验。摆脱贫穷，走向富裕，是新中国成立以后一心谋求发展的原始冲动。中国人穷怕了，为了改变命运，他们"拼搏到无能为力，勤劳得感动自己"。

世界上很难看到的奇观在中国屡屡发生。为了开山造渠，引水灌溉农田，河南林县人民用将近 10 年的时间，以接近原始的生产方式，用绳索把手持铁锤、钢钎的人吊在悬崖上面，只见那人双脚一蹬，飞在空中，然后回荡到悬崖石壁，利用身体的惯性冲力，一锤一钎，或砸或撬，硬是在太行山脉的石壁里造出一条"人间天河"。从此，常年干旱的林县有了水，人们有了生存和生活的基础。

改革开放后，有几亿农民为了挣点比种地多一些的钱，背井离乡，告别妻儿老小，到城市里来打工。自己干不动了，就让没有考上大学的儿子女儿出来干，为的是在家乡盖起一栋属于自己的合适住房。

那些考上大学的儿女们又怎样呢？2019 年，中国媒体曾经热烈讨论过"996"现象，说的是一些在科技公司工作的白领青年，一般是上午 9 点上班，晚上 9 点下班，一周工作 6 天。

在西方国家，这样的劳动强度不可能出现。习惯于周末到郊区别墅或其他什么地方休闲的西方人发现，只有中国人在城镇里开的商店或饭馆继续经营，除了诧异不解，或许还有所不满。

让勤劳的人们过上好日子是中国政府 70 多年来始终如一的目标。邓小平提出"贫穷不是社会主义"，"我们奋斗了几十年，就是为了消灭贫困"。摆脱贫困，实现富裕，在中国政治议程中占有特殊地位。

习近平在河北正定县当县委书记的时候，别开生面地设立了一个"县委书记、县长奖"，其中一项就叫"率先致富奖"。一位获奖的农民至今保存着颁发给他的红皮证书，内页里写着："甘国田，男，42 岁，正定镇顺城关农民，种花专业户，一九八四年纯收 14000 多元。授予率先致富奖。批准人：习近平（印）、刘树章（印），85 年 1 月 20 日。"

再说"白"。

在旧中国，因为战乱、受压迫和贫穷，发展科学教育、提高人民的文化水平异常艰难。1935 年，北方的学生喊出一个让人心痛的口号："华北之大，已经放不下一张书桌。"在抗日战争中，许多学校不得不迁移到西南一角办学。连沉淀着几千年文明传统的一批故宫文物，也辗转南迁到四川的一个村庄，后来又被迁去了台湾，再也没有回到北京的故宫。

1949 年，5.4 亿人口中，不识字的文盲约有 4.3 亿人，文盲率高达 80%。在识字的人当中，算得上知识分子的人有多少呢？当时的估计是 200 万人左右，占全国人口总数的 0.37%。那时对知识分子的定义标准很低，凡是从事教育、文化、科技、卫生工作的都算，哪怕你只是个初中或高中毕业生。

这样的文化基础，使旧中国普遍缺少科学意识和科学精神，形成许多愚昧的民风民俗。比如，迷信神鬼风水，不讲卫生，靠巫婆神汉治病，女人裹小脚等。大文豪鲁迅在 20 世纪 30 年代曾描述过中国的落后和愚昧，说外国人用鸦片来治病，中国不少人则把它当饭吃，连一些本来是中国发明的科技产品，也用错了方向："外国用火药制造子弹御敌，中国却用它做爆竹敬神；外国用罗盘针航海，中国却用它看风水。"

愚昧习俗往政治军事领域延伸，一些本来充满正能量的事件却弥漫着让人啼笑皆非的诡异气氛。19 世纪 50 年代的太平天国起义，把西方基督教改造成不伦不类的拜上帝教，谎称天父天兄下凡附体，来行使权力。1900 年的义和团运动，多数信徒以为靠念咒喝符就能刀枪不入打退侵略者。

那些满是负能量的事件，则因为理性的缺失而愚昧不堪，显得精神卑弱。1900 年，八国联军攻打北京的时候，不少老百姓只是看热闹，觉得国家的存亡与自己没有关系，有的人为了钱，甚至帮助侵略者填壕沟、扶梯子攻城。1931 年日本军队侵占东北，东北有几十万中国军队，十倍于敌都不止，除陆军外还有空军和海军，但结果是放弃自己的家乡，撤出东北。抗日战争中，不少人径直投靠日军，成为令人不齿的汉奸。在一些地方，汉奸队伍比日本侵略军还要多。

这些现象，不是中华民族的精神主流，但屡屡出现，并非偶然。故事背后的逻辑是，由于贫穷愚昧，缺少科学文明，就像一个人身体弱了，应有的精气神也没有了。

为了摆脱愚昧，在 1919 年前后出现的相当于西方文艺复兴的五四新文化运动，提出的核心主张就是民主与科学。许多知识分子，还提出科学救国、教育救国、实业救国。还有一批人跑到农村办学校、搞改良，一心要推动乡村文明建设。中国共产党在农村搞革命也是从提高农民文明素质和思想觉悟开始的。

新中国成立时，毛泽东宣布："随着经济建设的高潮的到来，不可避免地将要出现一个文化建设的高潮。中国人被人认为不文明的时代已经过去了，我们将以一个具有高度文化的民族出现于世界。"

新中国成立后，开展了人类历史上最大规模的识字扫盲运动，开办了无以数计的各种类型的工人、农民文化补习学校，孜孜不倦地推动"移风易俗"和"文化革命"以改造社会。这里说的"文化革命"不是后来发生的"文化大革命"，用毛泽东的话说，"现在我们是革什么命呢？是革技术的命，是革文化的命，要搞科学，革愚蠢无知的命。搞技术革命，文化革命"。

1978年改革开放后，中国提出物质文明和精神文明两手抓。抓物质文明，是解决"经济贫穷"；抓精神文明，是解决"内心世界的贫穷"。随后又推出"科教兴国"战略、提倡"先进文化"、树立"文化自信"、培育"社会主义核心价值观"、建设"文化强国"等，都是为了把中国建设成为一个高度文明的国家。

现代化：纵跨两个世纪的追赶

问 　摆脱混乱失序，追求统一稳定；摆脱屈辱压迫，追求平等自主；摆脱贫穷愚昧，追求富裕文明；中国人的三大愿望何以产生大致清楚了。现在的问题是，"最不想要"的东西，到底是怎么冒出来的？最终靠什么得到自己"最想要"的东西？这中间的历史逻辑还是不太清楚。

答 　这涉及中国人的一个根本愿望：摆脱落后于时代的处境，追赶现代化。前面说的三个愿望最终都可以归结到这个愿望上面。

近代中国为什么混乱无序、屈辱受压、贫穷愚昧？说到底，是因为落在了时代先进潮流后面。从近代中国到今天的中国，所梦想和追求的就是实现现代化。这是 180 年来中国社会演变的一个基本主题。

15 世纪出现的大航海，开启了全球化进程。冒险远航去发现世界、寻找财富的葡萄牙、西班牙和荷兰这些不大的国家崛起了。曾率先远航的中国，恰恰在这个时候，停下"郑和下西洋"的步伐，错过历史的大机遇。

中国凭借着传统的三样生活用品——茶叶、瓷器、丝绸，仍然在对外贸易中占据优势，并导致欧洲国家的贸易赤字。为了解决这个贸易赤字，英国向中国大量输入鸦片，遭到拒绝后，便来了一场以强凌弱的鸦片战争。

中国人被这场战争打醒了，开始睁开眼睛看看世界到底怎么了。这一看，才相继发现，18 世纪中后期开始的以蒸汽机为代表的第一次工业革命，产生了英国、法国这样的世界强国；19 世纪中后期开始的以电气化为代表的第二次工业革命，造就了德国、美国以及日本这样的世界强国。奥匈帝国以及中国的大清王朝，还有曾在大航海时代领跑的西班牙、葡萄牙都因为没有赶上这两次工业革命而掉队了。

掉队的中国，步履蹒跚，被时代甩在后面。远的不说，就讲 20 世纪 30 年代的一件事情。

如果你生活在那时的中国，要从中部地区到西北的新疆，最快路线不是直接往西北方向走，而是背朝西北往东南方向走。先到上海，搭乘轮船北上苏联的海参崴，再搭乘西伯利亚大铁路的国际列车，由下乌金斯克转乘土西铁路（连接土耳其和西伯利亚的铁路线）的火车，到达哈萨克斯坦的塞米伊市。下车后，再改乘汽车，从塔城入境回到中国，到达新疆。全程需要近半个月时间，即使这样，也远比骑骆驼从甘肃到新疆方便。

如果你觉得这样的行程太麻烦，干脆寄封信到新疆把事情办了，又该如何呢？如果你身处同属西北的陕西，你的信件包裹也不会走甘肃到新疆这条线，而是转寄到天津，由"西伯利亚邮线"递送，并需要敲上

"Via Siberia"邮戳，国内邮件竟要在天津海关办理进出口手续！

19世纪末，俄国的财政大臣维特就明确讲过，"现代国家没有发达的本国工业，就不可能强盛"。

一直到新中国成立，中国仍然属于典型的落后的农业国。在5.4亿人口中，只有大约200万人从事工业；工业总产值只占全国经济总量的10%左右。

1949年的粗钢和生铁产量，加起来只有40万吨，而美国当年的产量超过1亿吨，连印度都有300万吨。

1949年，中国的发电量43.1亿度，美国是3451亿度，连印度都有49亿度。

1949年，美国的汽车产量达到625.4万辆，苏联27.6万辆，日本2.9万辆。中国有多少？一辆都没有。

老百姓当时使用的一些轻工业产品，稍微现代一点的，前面都带有一个"洋"字。比如，"洋布"（纱布）、"洋火"（火柴）、"洋钉"（铁钉）、"洋酒"（葡萄酒）、"洋油"（汽油）、"洋灰"（水泥）等。"洋"的意思，要么是从外国进口的，要么是模仿外国商品制造的。在人们的日常生活中，凡是沾了个"洋"字，便必定是让人好奇和羡慕的先进东西。

毛泽东在1954年曾充满忧虑地说："现在我们能造什么？能造桌子椅子，能造茶碗茶壶，能种粮食，还能磨成面粉，还能造纸，但是，一辆汽车、一架飞机、一辆坦克、一辆拖拉机都不能造。"他还说：如果不能把自已建设成为伟大的社会主义国家，那就要从地球上被开除"球籍"。

被开除"球籍"，意思是中华民族不能自立于世界民族之林。这虽然是极而言之的比喻，毕竟反映出中国在工业化、现代化的时代潮流中遭遇的尴尬和难堪。

问 **为了摆脱落后时代的窘境，中国是怎样开始追赶的？**

答 如果从 19 世纪中叶的"洋务运动"算起，中国在现代化道路上的追赶，将是纵跨两个世纪的行程。

新中国成立前，中国共产党的一个突出诉求就是实现工业化。毛泽东在抗日战争时期就说："老百姓拥护共产党，是因为我们代表了民族与人民的要求，但是，如果我们不能解决经济问题，如果我们不能建立新式工业，如果我们不能发展生产力，老百姓就不一定拥护我们。"1945年 4 月，他提出一个响亮口号："为着中国的工业化和农业近代化而斗争。"

新中国的发展战略，就是把"落后的农业国"建设成为"先进的工业国"，实现工业、农业、国防和科学技术的现代化。"四个现代化"目标，至今还保留在《中华人民共和国宪法》序言当中。

改革开放初期，"实现四个现代化"是把中国上下凝聚起来的一个深入人心的口号。重庆钢铁厂有位叫白智清的职工，此前因为反对"文化大革命"入狱，1978年他被释放的时候，办案人员问他有什么诉求，可以转告单位帮助解决。他举起四根手指头，办案人员惊讶地以为他要提出四个要求，结果白智清笑着说：我就一个要求，"希望中国实现四个现代化"。

但是，怎样干"四个现代化"？"四个现代化"究竟是什么样子？人们心里并不十分清楚。为了摸清别国的情况，1978年开始，派出不少代表团频繁出访。邓小平访问日本时，在神奈川日产汽车制造厂了解到，这里的劳动生产率比当时的中国长春第一汽车制造厂要高几十倍；他感慨地说：我懂得了什么是现代化了。现代化，50年代一个样，60年代一个样，70年代又是一个样。

他不光看到了现代化的生产能力，更看到了生产能力在现代化进程中的更新换代。

邓小平的思绪开始走进现代化的真相，涌动出当年毛泽东那样的紧迫感，说了三句话，对中国追赶现代化的行程和意义重新作了诠释。

第一句："社会主义现代化建设是我们当前最大的政治，因为它代表着人民的最大的利益、最根本的利益。"

第二句："能否实现四个现代化，决定着我们国家的命运、民族的命运。"

第三句："我们要赶上时代，这是改革要达到的目的。"

改革开放 40 年后，习近平总书记又补充了一句："我们不仅要赶上时代，而且要勇于引领时代潮流、走在时代前列。"

这就是中国纵跨两个世纪，追赶现代化的历史真谛，是中国人 180 多年来最想要的东西。

问 **看起来，中国人追赶现代化，是一部从赶上时代到引领时代的宏大叙事。在这个设想中，怎样才算赶上时代和引领时代？**

答 这是一个漫长的历史过程。但总目标是有的，就是实现中华民族复兴的梦想。在向这个总目标前进的过程中，也有不同历史阶段的奋斗目标，把它们连接起来，就呈现为从站起来到富起来，再到强起来的历史逻辑。

这个历史逻辑，大致蕴含在纵跨两个世纪，可分成三个"一百年"的奋斗历程当中。

第一个"一百年"，就是从 1840 年被迫打开大门，进入半殖民地半封建社会开始，到 1949 年建立中华人民共和国。这一百年的奋斗目标是"站起来"，实现民族独立和人民解放。中华人民共和国的成立和社会主义制度的确立，为中华民族和中国人民赶上时代、为当代中国的一切发展奠定了政治前提和制度基础。

第二个"一百年",是从1921年中国共产党的成立,到2021年中国共产党成立100周年的时候,全面建成小康社会。这100年的奋斗目标是"富起来"。中国现在的自我定位是:"迎来了从站起来富起来到强起来的伟大飞跃"。当然,只是"迎来"飞跃,还没有完成这个"飞跃"。

第三个"一百年",是从1949年中华人民共和国成立到2049年中华人民共和国成立100周年。奋斗目标是"强起来",把中国建设成为富强、民主、文明、和谐、美丽的社会主义现代化强国,实现中华民族的伟大复兴。

三个"一百年"的划分在时间节点上有交叉。这恰恰说明,站起来、富起来、强起来,在中华民族的复兴路上不是截然分开的,是你中有我、我中有你的交替叠伸过程。

为站起来而奋斗的行程中,有富裕方面的追求和实践,有能够促进民族复兴的积极因素和社会力量的成长积累。

为富起来而奋斗的行程中,有进一步站起来和逐步强起来的表现。

为强起来而奋斗的行程中,不仅有越来越"走近世界舞台中央",从而更雄伟地站起来的含义,而且也是拓展富起来、升华富起来的过程。

身处何地？

问 **为摆脱落后时代，追赶现代化，中国人的历史思维如此宏大，历史逻辑如此细密，就好像在听一部远古悠长的民族史诗。再长的民族史诗，都有结束的时候。在现代化的道路上，中国已经追赶 180 多年，今天跑到了什么位置？或者说，做到了什么？**

答 提到民族史诗，我先介绍一位中国农民诗人写家乡风情的作品：

在鸟声擦亮的早晨，我从一滴露珠的睡眠中醒来，看见山还是山，水还是水。

大地被季节打扫得干干净净，而落叶是秋天的信笺，被风盖上邮戳，吹向远方。

诉说着，寄往春天的相思。

贵州黔西市雨朵镇雨朵村，有位高位截瘫的男孩叫沈江河，2013 年出版一本诗集《一根手指的舞蹈》。他每天坐在家门口，手不能握笔，只靠一根手指敲击电脑键盘，描写家乡的土地，赞美他的母亲，想象心中的"女神"。为的是向"春天"寄送"被风盖上邮戳"的信笺，传递"大地"变化的消息。

问　**诗的意味不错。但诗意描述代替不了历史叙事。**

答　打开"被风盖上邮戳"的"信笺"，我们看到的历史叙事是：中国很幸运地赶上了 20 世纪下半叶开始的，以互联网为代表的第三次工业革命，从落后于时代，跑进了时代发展的潮流中。追赶现代化，使中国从一个落后的农业国家，转变成为工业化和信息化相互推动的国家。

无论是纵向自我对比，还是横向同曾经在一个起跑线上的其他发展中国家对比，中国的追赶行程和追赶速度让人欣慰。

经过长期积累，进入 21 世纪后，中国的经济总量迅速扩大，依次赶上 8 个发达的工业化国家。

2002 年，超过意大利，成为世界第六；2005 年，超过法国，成为世界第五；2006 年，超过英国，成为世界第四；2007 年，超过德国，成为世界第三；2010 年，超过日本，成为世界第二。

2020 年，中国经济总量突破 100 万亿元人民币，相当于 15 万亿美元左右，人均国内生产总值突破 1 万美元。

这和 1949 年新中国成立时相比，真是天壤之别。

怎样定位今天所处的位置，我们的说法是：中国是实现全面小康社会的国家。

问 **小康是很中国化的一个表达，其他国家的人往往搞不清楚它的具体含义。**

答 这是个很古老的概念。在中国传统语境中，"康"指的是生活殷实，"小康"是日子基本好过，相对富裕，但不是特别充足，人民生活水平比上不足，比下有余。但还不是理想状态。

小康是追赶现代化的一个阶段性目标。它标志着中国从根本上解决了生产资料和生活资料"有没有"的问题，以后要解决的是"好不好"的问题。

现代化是一个动态过程，随着整个世界的发展潮流不断延伸其内涵。邓小平 1978 年到日本一看，知道要真正达到日本那样的现代化水平需要很长的时间，回来就提出：我们要实现的是"中国式的现代化"。

1979 年 12 月，日本首相大平正芳追问，你们的"中国式的现代化"到底是什么样一种状态？邓小平思考了一下，回答说："不是像你们那样的现代化的概念，而是'小康之家'。"具体说，就是在 20 世纪末，国民生产总值人均达到 1000 美元，"同西方来比，也还是落后的。所以，我只能说，中国那时也还是一种小康状态"。

后来，经过反复调查和测算，中国确定在 20 世纪末达到人均国民生产总值 800 美元。这就是中国人 40 年来"奔小康"的由来。

事实上，在 20 世纪末，人均国民生产总值超过了 800 美元，但政府认为，这样的小康还不全面，不平衡，况且西方的现代化水平也提升了，于是调整目标，提出小康社会不只是在经济数字，更在于政治、社会、文化等方面的全面进步。即使讲经济数字，也应该聚焦到人均国民收入上面。

2020 年，在新冠肺炎疫情导致全球经济衰退的情况下，人均可支配收入增长到 32189 元，合 4600 美元左右，中等收入群体超过 4 亿人口。

实际上，对这样的硬指标，中国已经不特别强调了，人们更看重的是获得感和幸福指数。

问 **什么样的获得感和幸福指数才算是小康生活？**

答 先看日常的衣食住行。人们的衣着，出现了从追求保暖到追求美观的变化。多数人的口腹之欲不再是大鱼大肉，反过来是想吃得清淡一些。一说是绿色食品，价格贵些也要争先恐后地去买。人均住房面积已经达到 30 平方米，这在过去是不敢想象的。私家车在城市里已经普及，在国内旅游开始成为日常消费，每年出国旅游的达到一亿人次。

大学教育实现了从精英化教育到大众化教育的转变，现在不少家长追求的不是孩子上不上大学，而是希望能考上好的大学、好的专业。面向全体国民的最低生活保障、医疗保障和养老保障体系已经建立起来，人均寿命从新中国成立时的 36 岁提高到 77.6 岁。

问 **过上这样的日子确实不容易，但这在西方发达国家并不稀奇。人们看一个国家的现代化程度，比较注重工业制造能力和基础设施水平。**

答 工业化程度曾经被视为现代化水平的基本尺度。今天的中国，是世界上唯一一个拥有联合国产业分类中全部工业门类的国家。

从交通运输的基础设施讲，2019 年，硬化公路通到了所有 60 万个左右的行政村。高速铁路通车里程达到 3.54 万公里，占全世界的 2/3 以上。4G 网络基站数量占全球一半以上，正在建设的 5G 基站，大概率也是这样。全世界排名前 10 位的港口，中国占了 7 个。中国已成为全世界当之无愧的第一电力大国，还拥有世界最先进的特高压输电技术。

互联网的运用，使人们的经济社会活动发生革命性变化，大踏步赶上时代，大幅度改变命运。

湖北有个巴东县，巴东有个神农溪。在神农溪，宋文刚和他的伙伴们被称为长江三峡地区最后的裸体纤夫。他们长年累月靠着一根纤细的缆绳，拼尽全力拉起生活的全部希望。

1995 年，正在拉纤的宋文刚和伙伴们，接待了来中国旅行的美国"股神"巴菲特和计算机天才比尔·盖茨等人。不难想象，在中国古时候出现并延续下来的职业纤夫"宋文刚们"，和第三次工业革命时代出现的计算机天才"比尔·盖茨们"的相遇，根本上就是两个"时代"的相遇，双方的落差之大，闭着眼都"看"得出来。难怪，巴菲特曾在 2009 年出版的自传中写到这趟旅游，发出这样的感慨："在那些纤夫当中将会有另外一位比尔·盖茨，但是因为他们出生在这里，他们命中注定要一辈子牵着船过日子。他们没有像我们一样的机遇。"

这一次，巴菲特可能猜错了。2010 年，他和比尔·盖茨再次来到中国。当年裸体拉纤卖力气的宋文刚等人，靠着旅游生意已经盖起了小楼。

宋文刚所在的巴东县，有 125 个村，如今已建成"农民办事不出村"的电子信息系统。高铁、轮船、高速公路从宋文刚的家门前经过。已经 71 岁的宋文刚现在是一名网红电商，主要销售自制的草鞋和小木船模型。他的产品，头天下订单，第二天就可以到达上海。大踏步赶上时代的纤夫们，改变了自己的命运。

中国人常说，通过改革开放大踏步赶上了时代。大踏步赶上时代的线索是什么？ 1995 年，也就是纤夫宋文刚和伙伴们接待巴菲特和比尔·盖茨的那一年，北京、上海提供国际互联网接入业务，Internet 随即成为推动中国改革开放和现代化进程至关重要的工具与平台。

那年，北京中关村电子一条街上立起一个巨大广告牌："中国人离信息高速公路还有多远——向北 1500 米"。它被很多路人当作路标，实际上通向的是一个叫瀛海威的小公司，这是中国第一个提供互联网接入服务的公司。

率先拥抱互联网的是那些年轻人，他们一心要赶上互联网革命的"头班车"。很多著名的互联网公司，如新浪、搜狐、网易、腾讯、阿里巴巴、携程、京东，全部诞生在 1996 年到 1999 年。那个时候，正是互联网走出美国硅谷，开始商业化应用进而带动经济全球化的时期。

20 多年来，中国成为被互联网改变得最充分的国家。网民规模达到 9.89 亿人，而且还在快速攀升，接近发达国家和地区的人口总和。全球 20 大互联网企业，中国占了 7 家。七八十年前，美国曾被称为"车轮上的国家"，如今，有人把中国称为"指尖上的国家"。

互联网企业创造了一些引领时代的生活和商业模式。

人们的生活方式发生巨大改变。动动手指，就可以在手机或电脑上实现娱乐、购物和社交的需求。以前观看世界杯的球迷，必须到酒吧、餐厅等消费场所，点上一打啤酒，和三五好友边看边高谈阔论，才算过瘾。现在，人们把这样的场景搬到了自己家里。用手机应用在网上订购烧烤啤酒，在网络上看现场直播，同时用弹幕（barrage），与天南海北、国内国外的球迷朋友互动。

2009 年，中国在互联网领域凭空创造了一个狂欢购物节。每年 11 月 11 日，由电商平台举办网络促销活动，其强度和规模让美国的"黑色星期五"和"网络星期一"的销售活动相形见绌。

2020 年的"双十一"，两个主要电商平台的营业额加起来有多少？ 7697 亿元人民币，也就是说，一天之内，人们就在互联网平台上消费了 1000 多亿美元。重要的是，在交易中形成的 30 多亿份订单，包括世界各大知名品牌在内的约 200 万种商品，整个供应链和物流环节的管理，都是在互联网上通过数字技术实现的。

大概在 2016 年，在中国的互联网平台上，又冒出直播电商的经营模式。出现在人们手机屏幕上的是一位模样别致、能说会道、富有魅力的姑娘或小伙，人们称之为"网红"。他们背后，有编导、助播、供应链、售后服务、流量运营等工作人员的支持，实际上形成了一个完整的产业链。如果产品对路，专业娴熟，宣传得法，大牌"网红"的带货量超出人们的想象。

2021 年 3 月，美国《时代》周刊评选的"下一代百位影响力人物"榜单中，有一个来自中国的 29 岁的青年李佳琦，他在淘宝网上创下 15 分钟卖出 15000 支口红的纪录。2019 年，直播电商全国交易额达到 4000 多亿元。

问 中国是全世界最大的"工厂"，许多产品都印有"中国制造"的标签，你是不是认为这样的标签已经过时了。

答 不能说过时了，"中国制造"仍然是中国工业化所需要的标签。但中国已经意识到，"制造"不等于"创造"，现在想做的事情是从"制造"到"创造"的提升。

创造的前提是科技创新。中国在全球创新指数的排名是第 14 位，投入科技研发的资金仅次于美国。

这大概就是中国说自己赶上时代，在个别领域开始引领时代的重要理由。

问 经济总量和产业规模庞大，与中国的人口规模有关。

答 确实如此。中国定位自己"身在何处"实际上有两把尺子。人口多，每个人的创造和消费加起来，自然很多。反过来，取得的成绩再大，按人口一平均，就不那么骄人了。

经济总量虽然是世界第二，但人均国内生产总值也只突破 1 万美元。这在世界上处于什么位置？只相当于美国人均的 1/6，欧盟人均的 1/4，排在世界第 60 名以后。在这个位置往前后左右一看，目前直接排在中国前面的，有大家熟悉的墨西哥和俄罗斯，紧跟在中国后面的是土耳其和保加利亚。

可见，即使过上了小康日子，生活水平还远低于西方发达国家，是典型的中等收入国家，仍然属于发展中的国家行列。

这是中国"身在何处"的明确定位。

新时代的"行程安排"

问 中国宣称进入了新时代，怎样理解这个"新时代"？

答 这是 2017 年中共十九大提出的，关于所处历史方位的一个判断。所谓新时代，是指中国特色社会主义事业进入新时代。

新时代中国，主题是全面现代化，不仅赶上时代，而且争取更多地发挥领跑作用。它的行程，有这样的战略安排。

全面建成小康社会后，用 15 年的时间，到 2035 年，把中国建设成为社会主义现代化国家，基本上实现现代化。这期间要大幅提升中国的综合国力，人均国内生产总值达到中等发达国家水平，中等收入群体显著扩大，使人民共同富裕取得更为明显的实质性进展。

2035 年以后，再奋斗 15 年，到新中国成立 100 周年，建成富强、民主、文明、和谐、美丽的社会主义现代化强国。

问 如此雄心勃勃的路程，跑起来肯定不会那么轻松。你觉得当前中国面临的主要挑战是什么？

答 最根本的挑战是出现了新的社会主要矛盾。

此前中国社会的主要矛盾，我们称之为"人民日益增长的物质文化需要同落后的社会生产之间的矛盾"，意思是，社会生产不能够完全满足人民的生活需要。这个矛盾，在新时代已经转化为"人民日益增长的美好生活需要和不平衡不充分的发展之间的矛盾"。

问 人们不大理解这种哲学化的表达。

答 "人民日益增长的美好生活需要"，是指人民需要的内容大大扩展了，不只是过去说的物质文化生活，对民主、法治、公平、正义、安全、环境等方面的需要，日益强烈起来。

人民需要的层次大大提升。追求质量更高的生活，期待有更好的教育、更稳定的工作、更满意的收入、更可靠的社会保障、更高水平的医疗卫生服务、更舒适的居住条件、更优美的环境、更丰富的精神文化生活。

总之，就是前面说的，人民对美好生活的需求出现了从"有没有"到"好不好"的提升。

问 答 "不平衡不充分的发展"怎样理解?

关于"不平衡",是指由于历史和地理原因,不同区域的发展水平有差距。如果你是一个徒步的旅行者,在几十年前自西向东横穿中国大陆,将会看见各种生产方式递次展开,从刀耕火种、手提肩扛,直到电光石火、汽车轮船;你还会发现,现代工业,主要集中在东南沿海一隅。现在这种局面大加改善,但城市和乡村、东部和西部、北方和南方,发展差距依然不小。

这种发展"不平衡"情况,在其他领域也比较明显。比如,社会文明和生态文明建设还有不少明显的"短板";不同群体之间的收入分配差距依然较大,贫富差别比较明显。

关于"不充分",主要指在发展上创新能力不够强,实体经济水平有待提高,发展质量和效益都还不够理想。

实现平衡和充分的发展是新时代解决人民美好生活"好不好"的关键。走好新时代的行程,很不容易。有句老话,"行百里者半九十"。如果说我们要走100公里路才能完全跨进现代化的大门,那么,即使今天已经走了90公里路,那剩下的10公里路,注定是最难走、负担最重、感觉最累的一段路程。

中国不会陶醉于已经取得的进步,更在意满足人民对未来的期待。

问 忧虑还不少。中国很强调忧患意识，在你看来，下一步发展中最值得忧虑的事情是什么？

答 现在人们谈论得比较多的是"中等收入陷阱"。

这个概念是在 2007 年的世界银行报告中提出来的，意思是，当一个国家人均收入达到世界中等水平后，由于不能顺利实现经济发展方式的转变，导致增长动力不足，就有可能陷入经济增长回落或长期停滞的境地，出现贫富差距扩大、社会矛盾增多等问题。有人做过统计，说 1950 年以来新出现的 52 个中等收入国家中，有 35 个落入"中等收入陷阱"。

人们很担心掉进这个"陷阱"。

中国已经告别高速增长势头，中低速增长成为经济发展的新常态。过去之所以发展那么快，靠的是后发优势。因为和西方发达国家的差距较大，在起步阶段所需要的资金、技术和管理经验比较容易获得，别人也乐于通过这些方面的输出实现利益优化。

现在，与西方发达国家的差距在缩小，后发优势明显减小。一些国家对中国的警惕、防范、遏制之势日益加剧。

华为集团在发展 5G 技术方面稍微走在了前面，便引起美国的过激反应，宣布把中国像样一点儿的高科技企业和研究单位纳入所谓的"实体清单"进行制裁。再迟钝的人都明白，新时代中国的发展动力，要靠自己的科技创新。能够多大程度上实现创新发展，是避免陷入"中等收入陷阱"的关键。

社会生活方面的短板也有不少。就拿住房来说，虽然居住条件早已今非昔比，但北京、上海、深圳、广州这些一线城市的房价高得离谱。有先见之明或较早富裕起来的人们，购买了房产，算是拥有了不菲的财富，享受到了改革开放的成果。对入职时间不长的年轻人来讲，仅靠工资买房是不现实的。

普遍把财富集中在房地产领域，势必大大压缩人们在其他方面的消费，这肯定会有风险。新时代中国选择盖更多的公租房去化解风险，并提出"房子不是用来炒的，是用来住的"。

问 **看来，中国似乎想在内部寻求和释放自己的创新潜能。**

答 一般说来，预知行程前方埋伏着陷阱，聪明人是不会自动掉进去的。这时候，陷阱有可能不再是陷阱，而是激发想象和创新的机会。

比如，过去靠"人口红利"，靠大量收入不高的劳动力促进发展。随着人口出生率下滑，"人口红利"不复存在，老龄化现象已经在社会没有多少准备的情况下提前到来。2019 年 65 岁以上的老人已经占到总人口的 12.6%，并将在随后几年里更快地增加。

下一代的人口结构，也让人不安。从 1980 年到 2016 年，实现 30 多年的独生子女政策，诞生了 1.76 亿独生子女，一对独生子女夫妇需要赡养四个甚至更多的老人，压力不言而喻。对老人们来说，获取儿女们传统的"孝顺"，开始成为奢侈的愿望。出现病痛得到孩子的照料、陪伴和慰藉，非常有限。空巢老人越来越普遍，心灵上的孤独不可避免。

这既是新时代面临的困难和挑战，同时，也似乎预示着一些创新发展的机遇和空间。

如今退休后身体还好的一代老年人，很特别。40 多年前中国开始改革开放的时候，他们英气勃勃，大多是工人、农民、军人，是下乡知青或待业青年，是改革开放初期被称为"天之骄子"的大学生，是穿着迷彩服在城市里干各种活计的农民工，是摆摊开店的个体户，是大小企业的创业者或下岗职工，是曾经豪情满怀"指点江山"的机关干部或知识分子……

他们从贫困迈向小康，生活面貌和精神世界的跨度很大。小时候，他们推铁环、跳橡皮筋，脑子里装的是"楼上楼下、电灯电话"的梦想。现在，他们老了，虽然有些抱怨，但却真心热衷于照看孩子的孩子，或者在广场跳舞，在街边打麻将，在网上购物，在世界各地的风景名胜旅游，尤其喜欢和曾经的同学、同事、战友及新旧朋友聚会，喜欢在微信里发朋友圈。

结果，这些老人无意中成为一个庞大的消费群体。他们的消费方式和层次，远不是他们的上一代人所能比的。许多企业和商家，捕捉到这一巨大的社会需求，五花八门的老年人产品应运而生，更有许多集医疗和养老为一体的医养园区，如雨后春笋般地冒了出来。年轻人追捧出来的科技消费市场，开始关注到"白发浪潮"的需求。网络平台推出能让年轻用户帮助父母支持网购的"亲情账号"；华为、小米这些品牌的手机专门开设了"老年模式"。

2019 年，浙江嘉兴市图书馆一年办了 5000 场活动，参加的大多是老年人。这些活动的内容除了交流老年人喜欢的琴棋书画和养生保健外，更多的是教老年人使用智能手机，学会查公交线路、淘宝购物，甚至是在网上去买卖货物等，还教老年人怎么做电子相册、电子日历，怎么拍照选照片，配音乐上字幕，然后发到微信群里……

问 **为解决发展上的难题，有什么新的战略性构想？**

答 最引人注目的，就是三句话。

立足新发展阶段。中国进入全面建设社会主义现代化国家的新发展阶段。新发展阶段主要是推动高质量发展。

贯彻新发展理念。就是把创新作为发展的第一动力，实现经济社会各个领域的发展，并且是在优化环境的前提下发展，在对外开放中发展，由人民共享发展成果。

构建新发展格局。由于经济全球化呈现退潮迹象，中国发展的外部环境发生明显变化，必须因势调整，构建以国内大循环为主体、国际国内双循环相互促进的新发展格局。在继续融入国际大循环的基础上，让国内供给和国内需求对经济循环起主要的支撑作用。

中国往这三个方向努力，不是在解决想象中的问题，而是在回应新时代行程的真实挑战，期望在变局中开出新局。

问 **新时代行程的现代化诉求，应该包括什么内容？**

答 现代化是一个不断探索、渐进积累的过程。刚开始的时候，中国看重的是经济上的现代化，不久提出物质文明和精神文明两手抓，两手都要硬。到了 20 世纪 90 年代，觉得两个文明还不够，于是提出了物质文明、政治文明、精神文明三个文明。进入 21 世纪，再提出构建和谐社会，实际上就是社会文明。到 2012 年，又增加了生态文明。

　　新时代行程的现代化愿望，由此体现在社会主义市场经济、民主政治、先进文化、和谐社会、生态文明五个方面全面展开，追求 14 亿人口这种巨大规模的现代化、共同富裕的现代化，物质文明和精神文明协调发展的现代化，人与自然和谐共生的现代化，而且是和平发展，超越了西方国家靠侵略扩张积累资本的老路的现代化。中国纵跨两个世纪的追赶，走出的就是这样一条中国式的现代化道路。

第三章

命运——中国道路

有人会问，为什么让这群"穷孩子"来打棒球？

我想说的是，面对任何一项运动，所有人的机会都是平等的……"穷孩子"们身上有一种"冲劲儿"，他们应该有这样一种机会改变自己的命运。

——孙岭峰（中国国家棒球队前队长）

创造是一种遭遇的结果，文明总是在异常困难、而非异常优越的环境中降生。

——汤因比（英国历史学家）

中国有条路

问　**中国人喜欢谈论中国道路，认为自己拓展了发展中国家走向现代化的途径。把自己的道路选择看得格外重要，背后有什么特别考虑？**

答　任何国家的经济社会发展，都会沿着相应的路子前行。只是在前行过程中，有的发展得快一些，有的发展得稳一些，有的发展得慢一些，有的可能在原来的路子上走不下去，而不得不改弦易辙，重新选择路子。

道路的重要不言而喻，它决定着一个国家有没有发展前途和充满希望的未来。

"道路决定命运"，中国道路决定中国人的命运，并且往好的方面改变了人们的命运。这种改变，常常是从细枝末节的地方开始的。

有个四川大凉山地区的彝族姑娘叫阿牛。6岁的时候，她在家乡一所海拔超过2500米的学校读一年级，每天早晨天还没有亮，她就背着弟弟，打着手电筒，不避风霜雪雨，从家里翻过三座山，走将近两个小时的山路到学校上学。小小身板，练就一身力气。

2019 年，小阿牛被中国国家棒球队前队长孙岭峰接到自己在北京创办的"强棒天使"棒球基地，一起到来的还有其他 17 名凉山彝族小姑娘，她们组建成一支"彝族之光"女子棒球队。孙岭峰觉得，这些小姑娘打棒球取得世界冠军的概率要比打垒球的概率大。

2020 年，有人把这些困境少年打棒球的故事拍成纪录片《棒！少年》，引起关注。孙岭峰接受采访时说，"面对任何一项运动，所有人的机会都是平等的"，"'穷孩子'们身上有一种'冲劲儿'，他们应该有这样一种机会改变自己的命运。"

我受到的启发是，任何国家，寻找发展的机会都是平等的。但能不能把握住发展的机会，关键在道路走得对不对。中国就像那些打棒球的"穷孩子"，靠"冲劲儿"找到了一条好的道路。

中国道路创造了"两个奇迹"，一个是经济快速发展的奇迹，一个是社会长期稳定的奇迹。只发展，不稳定，不是一条好的道路；只稳定，不发展，社会没有活力，也不是一条好的道路；既发展，又稳定，才算是走在一条正确的发展道路上面。而且，中国的发展，是"快速"发展；中国的稳定，是"长期"稳定。这是很难做到的。一些发展中国家在现代化过程中，都受到发展和稳定看起来很难兼容并存的困扰，终究因为没有摆脱这个困扰而翻了船。

问 现在谈中国道路的文章和书籍有不少。我不大清楚的是，人们说的中国道路，究竟是一种政治意识形态和政治经济制度上的概念，还是追赶现代化的具体途径和实践方法。我接触到的不少人是从后一个角度来理解的。

答 应该兼而有之。如何辨别和界定国家道路没有一定之规。总体上说，国情不同，发展道路也会有不同。

不同国家的发展道路有相同的地方，也有不相同的地方。邓小平说："只要不搞社会主义，不搞改革开放，不改善人民的生活水平，走任何一条路，都是死路。"这三层意思中，搞社会主义，是中国道路和西方模式根本不同的地方。

中国道路，是中国特色社会主义道路的简称。

对中国道路的表述过程，有一个逐步清晰起来的过程。

在改革开放前，毛泽东说决心要"找出在中国怎样建设社会主义的道路"，他还使用过"中国工业化道路""自己的建设路线""适合中国的路线"这样一些说法。

改革开放后，提出走一条自己的路，最早源于邓小平1982 年的一个说法。他讲："走自己的道路，建设有中国特色的社会主义，这就是我们总结长期历史经验得出的基本结论。"随后，他明确讲："总的来说，这条道路叫作建设有中国特色的社会主义的道路。"

从此，"中国特色社会主义的道路"成为中国发展道路的正式名称。但与此同时，也时常用其他概念来指代这条道路。

邓小平分别使用过"中国式的现代化道路""中国的发展道路""中国自己的模式""中国的发展路线""中国的社会主义道路"这样一些概念，意思基本等同于中国特色社会主义道路。

江泽民在对外交往中，谈到此前苏联的社会主义道路、西方发达国家的道路、发展中国家的发展方式时，常用"模式"这个概念。谈到中国，则用"社会制度和发展道路"来指代中国特色社会主义道路。比如，他说，"各国人民都有权根据本国的具体情况，选择符合本国国情的社会制度和发展道路"。

胡锦涛通常用"发展道路、发展模式"来指代中国特色社会主义道路，比如，他说，要"不断完善适合我国国情的发展道路和发展模式"。

习近平2013年1月5日在中央党校的讲话中说："近年来，随着我国综合国力和国际地位上升，国际上关于'北京共识''中国模式''中国道路'等议论和研究也多了起来。……所谓的'中国模式'是中国人民在自己的奋斗实践中创造的中国特色社会主义道路。"

两个月后，在十二届全国人大一次会议上的讲话中，习近平第一次明确用"中国道路"来代称"中国特色社会主义道路"，原话是："实现中国梦必须走中国道路。这就是中国特色社会主义道路。"

从此，人们习惯于将中国特色社会主义道路，简称为中国道路。

问 **看来，中国道路是个内容宽泛的政治哲学概念。一般人的习惯是把它和中国现代化发展模式联系起来，理解为和西方不一样的经济社会发展方式，通常不大有兴趣深究中国道路的全部内涵。**

答 还是有必要把中国道路的基本内涵摆列一下。总体上说，中国道路主要有实践、理论、制度和文化四种形态。

所谓实践形态，是指经济、政治、文化、社会、生态各个领域的具体发展道路。比如，中国特色的政治发展道路、文化发展道路、法治道路、乡村振兴道路、自主创新道路、新型工业化道路、农业现代化道路、城镇化道路、扶贫开发道路、卫生与健康发展道路、大国外交道路等。

所谓理论形态，包括在改革开放的实践中形成的，由邓小平理论、"三个代表"重要思想、科学发展观组成的中国特色社会主义理论体系；从新时代新的实际出发创立的习近平新时代中国特色社会主义思想。它们是对实践的理论总结，反过来又指导实践的发展。

有了实践和理论，怎样保证它们在现实中有序和稳定地运行呢？这就需要把治国理政实践中好的做法，沉淀为中国道路的制度体系和治理体系。后面要专门谈中国制度，这里就不举例了。

中国道路的实践、理论和制度，是在历史文化的土壤上生长出来。中国道路的文化形态，包括中华优秀传统文化，以及在革命、建设、改革中创造的革命文化和社会主义先进文化。

中国道路的四种形态，是一种有机组合。其实践形态，有制度支撑，有理论指导；其制度形态，沉淀着文化价值；如果没有成功的实践，理论的科学性会打折扣，文化也延续不下去。

问 从意识形态的角度看，中国道路和过去说的社会主义道路是什么关系？

答 中国道路，归根结底是社会主义道路。当然，它不是经典作家论述的原汁原味的那种社会主义。

中国是 1956 年进入社会主义社会的。进入的办法有明显的"中国特色"，有很大的创造性。

世界上第一个社会主义国家苏联，进入社会主义的办法，在城市，是"用赤卫队进攻资本"，在农村，甚至有"消灭富农"的口号，通过工厂和土地迅速国有化向社会主义过渡。这种激进的社会变革方式，激化了国内矛盾，引发了恶性冲突事件和农村的动荡。

中国进入社会主义，走的是一条和平改造道路。

这条道路，在农村是搞农业合作化，把农民拥有的土地集中起来共同经营。改造的过程是和一个来自河北省遵化市（于1992年被设立为县级市，编者注。）的故事联系在一起的。

故事的主角是一个叫王国藩的普通农民。1952年，他把村里最穷的23户农民联合起来办起了一个初级社。办社之初，他们只能靠农闲的时候上山砍柴换来一些简单的农具。合作社最主要的生产资料是一头驴，但这头驴还有四分之一的使用权属于没有入社的农民，因此人们把他们叫作三条驴腿的"穷棒子社"。靠着这"三条驴腿"，这个"穷棒子社"在第二年就发展到了83户，粮食亩产从120多斤增长到了300多斤。

毛泽东听说后，对这个故事的评价是："我看这就是我们整个国家的形象。难道六万万穷棒子不能在几十年内，由于自己的努力，变成一个社会主义的又富又强的国家吗？"

社会主义和平改造道路，在城市，则是通过"公私合营"和"定息制度"，对在国家经济总量中占比已经很少的私营工商业进行"和平赎买"。

改造的过程也是从一个故事开始的。

今天到北京来旅游的人们喜欢到前门的"全聚德"品尝一下烤鸭美食。20世纪50年代初，这家有名的百年老店陷入萧条，甚至走到山穷水尽的地步。当时的经理、全聚德第六任掌柜杨福来，为了给职工发工资，开始变卖家产，甚至把自己妻子的陪嫁首饰都卖了，但仍无济于事。北京市市长彭真知道后让国家投入资金，使资本家的私人企业变为"公私合营"的企业。杨福来以资方代表身份任副经理，主管业务和接待，一直干到退休。

后来，政府推广定息制度，将"公私合营企业"中资方拥有的股息红利，改为每年给资本家支付5%的定额利息。通过这种方式，资本家不再保留对企业的所有权，但仍然担任企业的一些工作，领取相应的工资。

1955年10月底，毛泽东两次邀请工商界代表人士谈话，希望大家能认清社会发展规律，掌握自己的命运，主动走社会主义道路。毛泽东说："我们的目标是要使我国比现在大为发展，大为富、大为强。""而这个富，是共同的富，这个强，是共同的强，大家都有份。"

被誉为"红色资本家"的荣毅仁表示：当然我们很珍视我们的企业，但不能目光太小，"我们还要不断地进行几个五年计划的建设，使我们的国家更发展，生活更好。所以，我对未来是抱有无穷的美好希望的。"

到1956年，基本上完成了社会主义改造，实现中国有史以来最深刻最伟大的社会变革。

在这以后，逐步拓展出来的中国道路依然围绕社会主义做文章，着重回答和解决的问题是："什么是社会主义、怎样建设社会主义"。进入新时代后，又增加一句话："坚持和发展什么样的中国特色社会主义、怎样坚持和发展中国特色社会主义"。

邓小平还对社会主义的本质作了这样的概括："解放生产力，发展生产力，消灭剥削，消除两极分化，最终达到共同富裕。"

问 **你多次谈到共同富裕，看来这是评判中国道路的一个关键词。**

答 的确，不走共同富裕之路，就没有中国道路可言。毛泽东早在 1955 年就说过，让人民群众共同富裕是中国共产党得到人民群众拥护的根本原因，而且，"这种共同富裕，是有把握的，不是什么今天不晓得明天的事"。今天，小康社会在中华大地上的全面建成，如果不让共同富裕取得更为明显的实质性进展，中国共产党就守不住人民的心，中国道路就不算真正成功。

当然，新时代促进共同富裕，有几个基本原则是明确的。一是，要鼓励勤劳致富。也就是说，共同富裕是靠人民干出来的，而今天的干，需要高素质的劳动能力、生产能力。二是，要坚持基本经济制度，我们仍然处于社会主义初级阶段，不能动摇公有制为主体、多种所有制共同发展，不能动摇按劳分配为主，多种分配方式并存这样一些制度设计。三是，既要尽力而为，也要量力而行。主要是要形成一种合理的分配格局。四是，要明确共同富裕是一个长远奋斗目标，有一个逐步接近的过程。也就是说，共同富裕不是同步富裕，是分阶段的；共同富裕也不是同等富裕，更不是劫富济贫，去搞平均主义，主要是扩大中等收入群体。

问 **举个例子，说说中国社会主义的"特色"在哪里？**

答 早在 1890 年，恩格斯就明确讲："'社会主义社会'不是一种一成不变的东西，而应当和任何其他社会制度一样，把它看成是经常变化和改革的社会。"

中国道路形成和发展过程中，其土地制度便呈现出"经常变化和改革"的活跃局面。

1927 年到 1937 年，中国共产党领导的革命叫"土地革命"，具体做法是把地主的土地直接分配给没有土地的农民。

1937 年到 1946 年，为团结地主阶级和人民一道进行抗日战争，中国共产党转而实施"减租减息"的政策。允许地主把土地租给农民耕种，但收取的租金适当减少一点。地主借给农民的钱，仍然可以收利息，但需要减少一点。

抗日战争结束后，1946年国民党和共产党之间爆发了战争，为实现"耕者有其田"这个民主革命的根本任务，争取更多的农民加入革命队伍，中国共产党转而实施"土地改革"政策，把土地分配给没有土地的农民。

在向社会主义过渡的过程中，从1953年开始，又把农民单家独户拥有的土地集中到村里，搞农业生产合作社，大家共同生产经营，由此形成集体所有的土地制度。

从1978年开始，为调动农民的生产积极性，农村土地虽然还是集体所有，但分配给每户农民承包经营。农民在自己承包的土地上，根据市场需求自主耕种，也不像过去那样需要向国家和集体交"公粮"，每年只交相应的农业税就行了。

2004年，为增加农民的经济收入，免除了实行几千年的农业税，农民在承包的土地上获得的收入全归自己所有。为鼓励农民耕种粮食，国家每年还给每户农民相应的补贴。

到了新时代，为促进农村经济社会的发展，鼓励城市拥有资本的企业家到农村投资，又推出农村土地"三权分置"新政策。土地"所有权"属于村集体，"承包权"属于农户，农户可以把承包地的"经营权"流转给别人，并从别人的经营收入中获取相应利益。有的地方，农民们自发地把土地集中起来，成立各种各样的合作社，进行规模化种植和经营，甚至从事工业生产，有些像股份公司。这种做法，被称为"中国特色的农业现代化道路"。

这条农业现代化道路，既体现了土地制度的社会主义性质，又和传统的社会主义做法（如苏联的"集体农庄"）不一样。

可见，中国道路不是抽象的社会主义道路，它在各个领域都有相应的制度创新。

从社会主义的发展历史看，中国道路是世界社会主义运动经历四次重大变化后的结果。第一次是马克思主义的诞生，使社会主义实现从空想到科学的变化；第二次是十月革命的成功，使社会主义实现从社会思潮和社会运动到全面实践的变化；第三次是第二次世界大战后，出现十几个社会主义国家，使社会主义的实践实现从一国到多国的变化；第四次就是通过改革开始的中国特色社会主义，使社会主义实践在世界上人口最多的国家，形成具有高度现实性和可行性的道路。

人们此前知道和具体感受到的社会主义，是20世纪苏联、东欧出现的那种社会主义，它在世界上曾是很有影响的模式。中国道路搞的社会主义，没有简单套用马克思主义经典作家设想的那种"模板"，不是其他国家社会主义实践包括苏联模式的"再版"。当然，也不是简单延续中国历史文化传统的"母版"，不是其他国家现代化发展道路的"翻版"。

路从哪里来？

问 你说的"模板""再版""母版""翻版"这几个比喻很有意思，但中国道路毕竟不是凭空产生的。它到底是怎么来的，为什么中国会走上被叫作"中国特色社会主义"的道路？

答 汤因比在他的《历史研究》中说："创造是一种遭遇的结果，文明总是在异常困难、而非异常优越的环境中降生。"走出一条中国道路不容易，经历了漫长的历史积累过程。由近及远地说，它直接从改革开放 40 多年的实践中走出来，从新中国 70 多年的持续探索中走出来，从中国共产党 100 年的社会革命中走出来，从近代以来中华民族由衰到盛 180 多年的历史经验中走出来。

"走出来"，就三个字，很简单，却沉淀着无尽的酸甜苦辣，积累了近代中国各个历史阶段的经验。这里面有对自身命运的思考和选择，有几代人为改变命运进行的探索和奋斗。

为寻找有效和可行的救国、兴国、强国道路，大体经历了这样一些步骤。

第一步，器物引进。

中国人睁眼看世界，得出来的第一个结论是：西方凭借船坚炮利把中国打败了，我们必须向西方学习物质文明，只要在军事和工业上发展起来，就能够挽救颓势。于是，花费巨资从英国、德国进口了一支舰队装备，号称亚洲第一，世界第四。不料，1894 年与日本舰队在黄海一战而败，被迫割地赔款。人们这才发现，光靠器物方面的引进救不了国，强不了国。

第二步，制度改良。

1898 年，以光绪皇帝为中心，聚集起一批知识分子决心变封建的君主制为君主立宪制，颁布许多政治改革的措施。但这场变法运动因为触及许多守旧官员的利益，遭到手握实权的保守派反对，很快就失败了。几年以后，清王朝政府醒悟过来，觉得还是需要改良制度，但为时已晚。时代的潮流已经把人们对救国道路的探索和选择推向了第三步。

第三步，制度革命。

孙中山领导的民主革命索性打倒皇帝，推翻了几千年来的封建统治。随即参照西方制度建立了中华民国。孙中山还提出"振兴中华"的口号。中华民国虽然实现政治制度的变革，但国家仍然没有摆脱衰颓命运。先进分子开始反思，我们有了新的制度，为什么不能走上救国、兴国、强国的道路呢？

第四步，文化变革。

从 1915 年到 1923 年，兴起了一场轰轰烈烈的新文化运动。道路探索之所以走到文化变革这一步，是因为器物层面的提升、制度层面的改良和革命都没有奏效，人们就想，或许是传统文化中那些愚昧、保守、专制的东西阻碍了人们走上正确的救国道路，由此下决心来一个精神道德和社会价值领域的破旧立新，试图从西方盛行的各种社会思潮中找到一条体现科学和民主的道路。

那些眼光敏锐的探路者，在众声喧哗、炫目多彩的社会思潮中发现了来自西方的马克思主义，选择了苏联的社会主义。这就是中国共产党 1921 年成立前后的历史背景。

第五步，探索中国革命道路。

中国共产党决定先搞新民主主义革命，反对帝国主义和封建主义。为此，中国共产党付出很大的代价，甚至两次陷入绝境才成功走出一条"农村包围城市，武装夺取政权"的革命道路，取得胜利后，创建了新中国。

第六步，创造社会主义和平改造道路。

新民主主义道路是社会主义的"预备道路"，其前途是搞社会主义。1953 年到 1956 年，通过和平改造进入社会主义。

第七步，探索社会主义建设道路。

走什么样的路才能把中国的社会主义建设好？没有经验，唯一能够借鉴和参照的是苏联。向他们学习事实上从新中国成立的时候就开始了。

1949 年，在党内排名第二的刘少奇，率一个代表团秘密访问苏联，在苏联待了足足 50 天。他向斯大林提出，想利用"在莫斯科的短短时间学习苏联"，并列出了一份庞大的学习清单，包括苏联各种国家机构的设置、苏联经济的计划与管理、苏联的文化教育政策、苏联共产党的组织与群众团体之间的关系等，几乎囊括了治国理政的方方面面。

1952 年，国务院总理周恩来率领一个代表团访问苏联，向苏联政府通报第一个五年计划的编制情况。中国政府此前集中一批顶尖的经济行家，专门学习苏联编制五年计划的书籍，搞了一个《五年计划轮廓草案》。结果拿给苏联征求意见时，被认为很不成熟，于是只好先务虚"上课"。苏联计划委员会有 14 名副主席，每人都来给中国政府代表团讲解应该怎样编制经济建设计划。

1954 年，中国文学艺术界联合会（简称"文联"），要召开第二次代表大会。有人说，苏联的群众组织中只有作家协会，没有文联，是不是应该撤销文联这个组织。毛泽东一听就发火了，说苏联没有的，我们难道就不能有？

毛泽东后来谈到这段学习的日子，曾感慨地说：我们在建设上懵懵懂懂，只能基本照抄苏联的办法，但总觉得不满意，"心情不舒畅"。

心情不舒畅的中国，终于发现苏联的社会主义模式有毛病，不能全部照搬过来，于是下决心走出一条适合中国国情的社会主义建设道路。毛泽东那一代人苦心探索，不断实践，为后来中国道路的开辟提供了宝贵经验、理论准备、物质基础。同时，也有曲折和失误。比如，发生了"文化大革命"这样的"内乱"。

经历长期探索的积累和酝酿，中国道路最终被送上"产床"。

第八步，通过改革开放，开创中国道路。

"文化大革命"结束后，决定改革与生产力不相适应的生产关系，改革与经济基础不相适应的上层建筑，并且把对外开放确立为基本国策。中国道路由此在改革开放的"产床"上呱呱出世。

问　这好像又是一部长篇"民族史诗"。看来，第八步最为关键，你把它比喻为中国道路的"产床"。在"产床"上"分娩"，阵痛必然剧烈。在改革开放过程中，是怎样突破各种传统的思想障碍，"生产"出中国道路这个"宝宝"的？

答　突破的障碍有很多。比如，怎样才能实现共同富裕？过去的办法是搞平均主义，并且认为，只要搞社会主义，就不能出现超出普通人经济收入的"富人"。这样的做法，不利于调动人民的创造积极性，不利于解放和发展出更高的生产力。

1978 年，邓小平到广东视察，听说当地有规定，农民养三只鸭子是社会主义，养五只鸭子就可能会拿到集市上去卖，就不是社会主义了，属于"资本主义尾巴"，要割掉。他感到很奇怪，认为这没有道理。

于是，邓小平提出来，"可以让一部分人、一部分地区先富裕起来"。这个提法，人们当时是不容易接受的，以至于邓小平不得不说，这是毛泽东讲过的。

与共同富裕相关的，还有一个如何看待民营企业的问题。如果你熟悉《邓小平文选》就会发现，里面曾两次谈到一个"小人物"。

安徽省芜湖市当时有个叫年广九的个体户，支上大铁锅，架上柴火，炒卖老百姓喜欢嗑的瓜子。他还为自己的产品起了个名字，叫"傻子瓜子"。生意越做越大，一个人忙不过来，就雇用了 10 个人帮他炒卖瓜子，后来又陆续雇用了 100 多人。依据马克思《资本论》里说的，雇工超过 8 个人，就有剩余价值被资本家剥削，年广久的经营显然超出了传统社会主义所允许的范围。

于是，上级部门专门派来调查组准备取缔"傻子瓜子"。邓小平听说后表示："不能动年广久，一动就人心不安，群众就会说政策变了，得不偿失。让傻子瓜子经营一段怕什么？伤害了社会主义吗？"

不料，第二年又有人将年广久的案子上报到邓小平那里，邓小平只好批示，"放一放，看一看"。这一放就是 7年。到 1987 年，雇工超过 8 人的民营企业比比皆是，中央发出的文件中，民营企业的雇工人数被"允许"彻底放开。

突破这些思想难关，社会生产力被释放出来，一部分人和一部分地区渐渐富裕起来，社会财富的积累也多了起来。随后，经过第一次分配（工资等）、第二次分配（财政转移支付、社会保障和扶贫等国家行动）、第三次分配（社会捐助、慈善事业等），逐步往"共同富裕"方向前进。

问 谈中国道路，人们总是把改革和开放连在一起。在开放过程中，又是怎样跨越那些横挡在路上的"关隘"的？

答 对外开放，经历了两道难关。

第一道难关是业务上不大懂。

负责对外开放的政府官员还不完全清楚引进外资、搞合资企业是怎么一回事，后来担任过政府副总理的李岚清曾回忆他第一次和美国一家企业谈合资的往事。对方提出搞合资经营，李岚清没有听说过这个概念，问他什么叫合资经营，对方只好掏出自己的钱包，又让李岚清拿出自己的钱包，把两个钱包的钱合到一起，说：咱们一起投资，赚了钱，按出资多少分红。

第二道难关是思想上不大通。

在创办深圳等经济特区过程中，把土地租给境外企业，让他们来投资办厂，很容易让人想起旧社会的租界，一些人心里接受不了。深圳经济特区建设初期，曾提出一个口号，叫"时间就是金钱，效率就是生命"。既要"钱"又要"命"，这好像与过去讲的社会主义价值观是两回事，于是引来一场剧烈的讨论。有位老干部到深圳考察后回到北京，感慨道：除了五星红旗，都变了颜色。

众说纷纭中，邓小平1984年去了一趟深圳，明确表示，"深圳的经验证明创办经济特区是成功的"，这才一锤定音。

在改革开放实践中，中国共产党还认识到，建立起来的社会主义社会还处于初级阶段，仍然属于发展中国家，这是基本国情。这样的国情，表明中国还不属于马克思主义经典作家所设想的在经济高度发达的基础上建立的社会主义社会，因此，不能搞完全的公有制，不能搞高度集中的计划经济。

问 中国道路"走出来"的过程确实步步艰难。叙述这么复杂曲折的道路探索和选择过程，最终想说明什么？

答 主要是想说明：中国道路不是拍脑袋想出来的，也不是纯粹按照马克思主义经典作家的设想编织出来的。前人的探索总是给后人提供经验或教训，从而使后人的探索比前人更进步和科学。

在道路探索过程中，孙中山那一代人是先行者，毛泽东那一代人对中国道路有探索和奠基之功，邓小平那一代人有开创之功，江泽民那一代人成功把中国道路推向21世纪，胡锦涛那一代人成功在新的历史条件下坚持和发展了中国道路，以习近平为主要代表的这一代人，在这条道路上推动党和国家事业取得历史性成就、发生历史性变革，使中国特色社会主义进入新时代。

这就是我们关于中国道路的历史观。

问 　让人感到好奇的是，中国既然已经走出了和毛泽东时代不一样的新路，而毛泽东已经去世将近半个世纪了，他去世前还搞了"文化大革命"，为什么还认为他对中国道路有探索和奠基之功？即使今天的中国，有人还把毛泽东当作神一样看待。

答 　把毛泽东当成神是不对的，理性的人们不会这样。否定毛泽东也是不对的。之所以出现人们说的已经走出一条新路，还仍然推崇毛泽东，理解毛泽东，在承认他晚年犯了严重错误的基础上，继续坚持和发展毛泽东思想，原因很简单，毛泽东和那一代共产党人在改变中国命运的过程中起了关键作用。没有中国革命的成功，没有新中国的成立，没有社会主义基本制度的建立，没有社会主义建设形成的独立的比较完整的工业体系和国民经济体系，哪会有中国道路的开辟呢？道理就这么简单。

一个人不能一次跨越很宽的壕沟，每一代人都只能做他那一代人的事情。有的做对了，有的做得不对，怎么办？

邓小平处理得非常好。他说过几句话，主要意思是：我们现在要做的事情，主要是把毛泽东那一代人做得对的坚持下来；把他们提出来、设想过但没有去做的事情做起来；把他们做错的事情改正过来；把他们做得不够好但总体上还可以去做的事情，进一步完善起来；当然，还要做毛泽东那一代人没有遇到过的新事情。

这就是形成中国道路的历史逻辑。

赶路人的风景

问 　中国道路的来龙去脉，大体清楚了。人们最想知道的，还是中国道路和普通人的关系？

答 　从根本上说，中国道路是中国共产党领导和依靠人民的奋斗得来的。它是一条造福人民，体现公平正义原则的道路；是一条以物质文明和精神文明相协调，促进人的全面发展的道路；是一条重塑中国人的命运，让中国人民的生活品质和精神面貌发生深刻变化的道路。用的词可能比较大，其实都离不开一个"人"字。

问 　这个回答很干脆，但需要具体解释一下。

答 　人们常说，时代匆匆，其实，时代没有"脚"，穿行时代的，总是那些筑路和赶路的人。

说中国道路是人民的道路，第一个含义，它不仅是历史选择的，也是人民选择的，人民是中国道路的创造主体。

改革开放前，每个乡的农民组织在一个公社当中，下面分成若干生产大队，生产大队（相当于今天中国的行政村）下面又有若干生产小队（相当于今天中国的自然村）。大家集体出工干农活，收获的粮食除了一部分交给国家以外，其余分配给农民自用。这样的做法时间长了，难以调动农民的生产积极性。

让人们吃饱饭，始终是最大的问题。1978 年，一些地方的农民就自己想办法了。他们悄悄把集体的土地，承包给每家农户耕种，收获的粮食只要交够国家和集体的公粮，剩下的都是自己的。这样一来，农民起早贪黑地干，粮食产量上来了，农民也能吃饱饭了。

但这种做法是当时国家法令不允许的，农民们只有舍命共担，才敢一试。在安徽省凤阳县小岗村，为防止领头承包土地的生产队干部以后出现意外，社员们约定，万一出了事情，大伙就把领头人的子女抚养到 18 岁，并且在一份秘密契约上按上了各自的手印。

土地承包的办法农民试了两三年，年年粮食丰收。中央政府觉得效果不错，正式把"家庭联产承包责任制"确定为中国道路的一项内容。

中国道路还有一项内容，叫建设生态文明，这是改善人们生存环境的大政策。在河北井陉县冶里村，有两个老头，一个叫贾海霞，双目失明；一个叫贾文其，失去双臂。他们可以不劳动，在农村享受最低生活保障也能生活下去。但是，2001 年两人决定承包村里没有人要的 50 多亩河滩地，村委会一分钱没要就和他们签了合同。每天早上，看不清道路的贾海霞就牵着贾文其的衣服去河滩种树。过河时，贾海霞帮助没有双臂的贾文其卷起裤腿，贾文其则背着贾海霞蹚过河去。种树时，没有双手的贾文其用脚指头把住水桶，给树苗浇水；双目失明的贾海霞就用手摸索着不让小树苗倒下。

一个有手，一个有眼，你是我的手，我是你的眼。十几年过去了，两位老人已经种下 10 多万棵树，硬是把 50 多亩荒凉的河滩打造成了绿树林。贾海霞和贾文其用"非常"的劳动方式，打造了一道生态文明风景，也打造了一道"筑路人"的人文价值风景。

问 **中国道路在改变中国的同时，又给这些普通的创造者们带来了什么？**

答 机会和平台。中国道路给人们提供全面发展的机会和成长平台。

有一个绰号叫"北大屠夫"的陆步轩，从小生活在陕西省长安县（现陕西省西安市长安区，编者注。）一个小镇上。1985 年，他以当地文科第一名的成绩考上北京大学中文系，这算是"鲤鱼跳龙门"。那时候，大学毕业生就业主要由国家分配。1989 年，喜欢研究语言的陆步轩被分配到家乡一个生产柴油机的工厂。这份工作似乎很不理想，他后来下海经商，干过不少行当，最后干脆开了一家卖猪肉的店铺，成天戴着眼镜在肉铺里砍剁猪肉。

2003 年，陆步轩的经历引起舆论关注。有人说一个北京大学的毕业生去卖猪肉是浪费人才。碍于社会舆论，当地有关部门给他在区档案馆重新安排了一份工作，但陆步轩已经在卖猪肉的职业道路上难以回头了。他撰写的《猪肉营销学》很出名，还办起了与营销猪肉有关的学校。这几年，他的生意做得很红火，和校友共同创办的"壹号土猪"品牌，2018 年入驻全国 30 多个城市，销售收入达到 18 亿元人民币。现在他还在抖音上当起"网红"，跟年轻人聊聊猪肉，谈谈人生，发一条短视频，就有许多人点赞。

无论从哪个角度看，陆步轩的故事在中国道路上都是常见的。中国道路给人们带来的是就业观念、生存环境的变化，还有职业选择、生活方式的自由。

问 　陆步轩的成功，可能有侥幸的因素。他如果没有北京大学毕业生这个身份，可能不会引起太多人的关注。

答 　不排除这个因素。但从大环境看，当中又有必然因素。在开创和发展中国道路过程中，每一个关键节点上，都创造了一批"赶路人"。只要站在了时代风口，放飞自己的梦想，就比较容易创造出意味无穷的命运风景。

开创中国道路，是从 1978 年开始的。这年春天，恢复大学入学考试制度后录取的第一批大学生跨进了大学校门。几天前，他们还身处农村的田野、工厂的车间、部队的军营，是社会基层的劳动者。现在，他们被称为"天之骄子"。

这年，作家徐迟的报告文学《哥德巴赫猜想》让整个世界都认识了一个叫陈景润的数学家。他身居斗室攻克数学难题的故事赢得社会普遍尊重，激励了许多青年学子。知识分子再也不是"臭老九"，一下子空前地吃香起来。

1984 年，中央下决心放弃高度集中的计划经济体制，建立社会主义商品经济体制。从农村开始的改革由此在各个领域全面铺开，一些在计划经济体制内捧着"金饭碗"的人坐不住了。

此时在中国科学院做研究工作的柳传志已经 40 岁。11 月，他怀揣中科院的 20 万元投资开了一家"中国科学院计算机新技术发展公司"。没有生意做，就去摆摊卖运动裤和家用电器。人们没有想到，就是这家后来叫联想集团的企业，跻身世界 500 强企业行列。

除了柳传志，这年前后下海经商后来成为著名企业家的还有不少。比如在房地产业呼风唤雨的万科集团创始者王石，如今名满全球的华为集团创办人任正非，他们被称为中国企业家中的"84 派"。

1992 年，开始确立社会主义市场经济的改革目标，掀起新一轮改革开放大潮，市场经济开始全面进入人们的经济生活。

拍卖的槌声在这年此起彼伏响起。上海拍卖私车牌照，武汉拍卖亏损的国有企业，到处都在拍卖吉祥电话号码。青岛电话号码拍卖创下纪录，一个 908888 的吉祥号，当时以 11 万元的高价被一个乡镇企业买下。上千万人在这年蜂拥进入股市。为能够买到新股，深圳的股民在炎热的夏天提前一天排起长队，认购的时候甚至发生骚乱。

靠养鹌鹑起家转而生产猪饲料的四川人刘永好，1992 年成立中国第一家经国家工商局批准的民营企业集团——希望集团。这一转折使他和他的企业走上了快速发展的路子。

1992 年是民营经济成长的关节点，又一批体制内的精英主动抛弃了"铁饭碗"下海经商。他们中的不少人，后来成为成功的企业家，还给自己找了一个共同的名号，叫"92 派"。

属于"92 派"的陈东升，当时在国务院发展研究中心工作，辞职后创办了嘉德拍卖公司和泰康人寿保险公司。他后来回忆说："如果我 80 年代中期下海，别人肯定说我犯了错误；如果我 1989 年下海，别人肯定说我是混得不如意；但我 1992 年下海，别人的评价多是正面的，这就是社会主流价值观变了，开始认同下海这个事了。"

问 　**你说的这些人的命运，结局都很好，有没有故事结局不那么好的？**

答 　走向社会主义市场经济体制的改革，是很痛苦的过程。市场经济是个"万花筒"，它带来市场繁荣，也带来价格波动；它带来择业自由，也带来失业风险；它带来收入的普遍增加，也带来收入差距的扩大。当然，它也带来制度创新和人们的观念更新。

1998年，为加快建立现代企业制度，让国有大中型亏损企业摆脱困境，上千万国有企业职工失去了工作岗位，当时还创造了一个新词来指代他们的身份，叫"下岗职工"。

工人们下岗后，承受的经济和社会地位的落差是显而易见的。他们为改革付出的代价不能够忘记。他们当中，一些人通过政府开设的转岗培训和再就业通道，重新上岗或另谋职业；有的按工龄长短一次性领取相应的补偿金，算是和企业断了关系；年龄大一些的就直接退休了。

大批下岗职工的出现，促进了社会保障制度改革。中国在此后相继建立社会保障的制度体系，包括医疗保险、养老保险，等等。

"赶路人"的不同遭遇让人感慨，也给人启发，说明赶路和筑路是一回事，都要付出代价。光赶路，没有人筑路，道路很快到了尽头，于是你不得不逢山开路，遇水架桥。光筑路，没有人赶路，那新开出来的路又是给谁走的呢？赶路的人和筑路的人，事实上是一拨人，都要付出代价，这才有了路，所有的人才能够不断前行。

中国道路鼓励人们主动去掌握自己的命运。著名歌唱家刘欢当时还演唱了一首很有命运感的歌曲，叫《从头再来》，里面说："心若在，梦就在，天地之间还有真爱。看成败，人生豪迈，只不过是从头再来。"

这条路兑现了一个承诺

问 对那些需要别人帮助才能改变命运的人，比如贫困人口，中国道路有什么具体措施帮助他们？

答 世界上有贫困，就有不稳定。一个国家混乱和衰落的原因有很多，但关键因素不外是社会两极分化，矛盾不可调和。新中国走社会主义道路，就是要解开旧中国留下的这个死结。

中国花力气最大、最受人民欢迎的事情是扶贫脱贫，口号是"全面小康路上一个也不能少"。

这是中国道路的拓路者对历史的一项郑重承诺。

为了兑现这个承诺，政府连续几轮制定和实施大规模扶贫计划。中国道路进入新时代后，又探索出更多精准有效的扶贫脱贫办法。

先是要知道"扶持谁"。

各地组织基层干部进村入户，摸清导致贫困的原因，为每户贫困人口建立相应的档案，量身定做帮扶措施。扶贫干部还要根据工作进展，时常更新电脑档案，再经过研究分析，考虑是否调整帮扶办法。这并不容易，谁真穷，谁假穷，有没有隐瞒收入，实在是一项浩大的社会工程。

除了中国，不知道有哪些国家愿意而且能够花这样的力气做这样的事情。

然后是明确"谁来扶"。

本地干部自然要担当扶贫的主角，中央甚至规定，在贫困县没有脱贫之前，贫困县的县委书记和县长不能调动工作。从中央到地方各级党政机关、事业单位和国有企业，都被指定一个帮扶对象，并且要派专人到贫困村去担任村党支部第一书记，全国累计选派 300 多万名驻贫困村的干部。为了拍摄一部纪录片，美国库恩基金会主席罗伯特·库恩曾经和这些驻村干部接触过，他说："最令我吃惊的是，这些年轻驻村干部，有些刚结婚，有些孩子还小，我初以为他们也就在贫困村待几周或数月，实际上他们都会待满两年。他们常常住在一个泥草房里，只有一个煤气灶做饭。这些聪明又有抱负的年轻人对扶贫贡献很大。"

比较富裕的东部省市还被要求对口支援贫困人口比较多的西部省区，对口支援不是做表面文章，有相应的责任义务。宁夏回族自治区在福建省的帮助下，专门设立了一个"闽（福建）宁（宁夏）镇"，安置从不适宜人类居住区域迁来的 4 万多名贫困人口。现在，"闽宁镇"已经成为产业兴旺的经济技术开发区。2021 年，中央电视台播放的引起广泛反响的电视剧《山海情》，说的就是"闽宁镇"的故事。

国家还动员一些有实力的企业，不管是国有企业还是民营企业，对口支援贫困乡村，利用贫困乡村的资源投资办企业。

最关键的是"怎么扶"。

办法是分类施策。诸如，利用贫困地区的特色资源，投资建立一些工厂，或开发成旅游景区，解决贫困人口的就业；把那些居住在条件恶劣，没有发展余地的贫困人口搬迁到县城或条件较好的乡镇居住；一些生态环境很好，又不能搞开发建设的地方，从国家财政中拿出钱来就地补偿，选聘一些贫困人口就地担任生态护林员；通过教育培训，提高贫困人口的就业能力；对那些丧失劳动能力或因病致贫的人口，最终通过社会保障制度和医疗救助，用社会福利来"兜底"。

2017年11月，我曾到湖南省平江县做过扶贫调研，这个县在2014年确定的贫困人口是15.4万。在县城附近一个叫洪家塅的地方，我们看了正在建设的用于易地扶贫搬迁的建设工地，一共盖了9栋18层的高楼，可安置1932户贫困家庭，每户只要交1万元即可入住。周围的商品房成交价是每平方米4000多元，即使买套50平方米的住房，也要20万元。贫困搬迁户入住以后，原来在村里承包的土地仍然保留承包权，但可以转包给其他人，获取一份收入。到县城居住后，县里各部门都会对口组织一些职业技能培训，帮助他们在县城找到工作。

在平江县农村，我们还参观了杨林街村一个叫"欢乐果世界"的扶贫企业现场。山上种有沙梨、小樱桃、桃、枣等水果和油茶，供城里人到农村采摘旅游。这家企业从当地农户手中转包山地，每年给农户一些钱，同时从当地贫困户中聘用15人来负责园林种植。2015年至2016年，当地农户年均收入最高的达55306元，最低的也有8655元。

问 那些被帮扶的贫困户就无所作为吗？

答 增加收入，改善生活，脱离贫困户行列，最终还是要靠自己的奋斗和努力。

2017年，河北张家口市蔚县草沟堡乡白庄子村有个叫白余的68岁农民，因为一场大病成了贫困户。村委会安排他做护林员的工作，每年有3500元的收入。但白余没有安于现状，他从亲戚朋友处筹借一些资金购养了几头母牛，新生的小牛犊每年能卖1万多元钱。村里的种植业也引进了新品种，销路大好，他原来承包的5亩地，就有了不错的收入。

2019年5月30日，白余给村党支部书记写了封退出贫困户的申请书，里面说："本人白余，承蒙你们的爱心帮助，我现在的经济收入和家庭情况多有好转，达到丰衣足食。因此我申请自愿退出贫困户和护林员，不再给国家和村委会增加一些不必要负担。希望各级领导批准我的申请。"

当然，确实也有贫困户没有作为，等着别人来帮助自己。2019 年，人们从手机上看到一个视频，云南省普洱市镇沅县扶贫女干部李波，批评一些贫困户："每家进去就是房子不修理、路不修理，房子漏雨，嘴巴张开就叫。幸福不是张嘴要来的，不是手伸开要来的，不是在家中跷着脚等来的。"

这段视频引发比较大的社会反响。扶贫干部李波的话有些刺耳，但在网上却收获不少好评。大家觉得这些刺耳的"大白话"，其实是真正为贫困户着想，只有心中牵挂贫困户才说得出来。扶贫干部想方设法激励贫困户靠双手奋斗去追求幸福是可以理解的。扶贫的真谛，是"帮一把，牵着走一步"，不是一切包揽。

问 有两个问题。在中国，什么样的情况算是贫困人口？什么样的情况算是脱离了贫困？应该有个量化标准。

答 标准是动态的，根据全社会的发展水平来定。比如，2001 年的贫困标准，是人均年收入不足 865 元，按此标准，当时的贫困人口有 9400 多万。到 2011 年，贫困标准提升到 2300 元，按此标准，当时的贫困人口增加到 1.22 亿。

脱离贫困的标准，也逐步提升。2020 年的脱贫标准是人均年收入 4000 元，折算成人均可支配收入是 10000元。实际上，这年中国贫困地区农村居民人均可支配收入，达到了 12588 元。这个标准超过了 2015 年世界银行定义的人均每天 1.9 美元。

除了经济收入，还有一些软性标准，不为吃饭穿衣发愁，保障孩子接受义务教育，享受基本医疗服务，拥有安全住房，喝上干净的水等。这些标准，和中国的发展水平是适应的。

2020 年，中国贫困人口，全部脱掉了长期以来戴在头上的那顶"贫困"帽子。走中国道路，兑现了对历史的郑重承诺。

在消除绝对贫困之后，以后要解决的是相对贫困问题，健全农村低收入人口的常态化帮扶机制，目标是实现乡村振兴。

问 **具体描述一下农村贫困户脱贫之后的生活面貌。**

答 安徽省金寨县大湾村，地处大别山腹地，曾是国家级贫困县的重点贫困村，2020 年 4 月正式退出贫困村行列。

这年年底，15 岁的南非姑娘瑞贝卡·尼什和爸爸肖恩一起开车从合肥出发去大湾村，200 多公里的路程 3 个小时就到了。肖恩说："我以为一路上会很颠簸，没想到旅途会这么顺利。"来到借宿的村民家中，瑞贝卡发现屋子里有空调、电视机和抽水马桶，又试探着问了一下 Wi-Fi 密码，竟然也有。

女主人告诉肖恩，她家曾是全村最困难的贫困户之一，两年前依靠当地银行的几笔小额贷款，又向亲戚朋友借了些钱，把自己的房屋重新装修，挂起了民宿旅馆的招牌来接待游客。旅馆接待厅里，还代卖各种山货土特产。如今她家欠款已经还清，生活美了起来。

在清华大学读硕士研究生的津巴布韦留学生乌俊杰，从北京出发，高铁直通金寨县，再转乘个巴士，直接来到了大湾村小学。六年级的孩子告诉他，将来想去北大、清华，或者去海外上学；有的说长大想当医生或女企业家。乌俊杰感慨地说：贫困的本质是选择权受到限制，"当孩子们 5 年前还盼望着去一趟省会城市，如今却梦想着出国看世界，这很能说明是真正脱贫了。"

同样从北京来的马来西亚籍媒体人植国民，则到了大湾村的卫生室。工作人员告诉他，这里的贫困户的医药费可报销 90% 以上，同时，任何人感染上了新冠肺炎，医药费都是全免的。让植国民印象深刻的是一个从外地打工回来的"80 后"年轻人，他带着村里很多老人一起养蜂致富，还得到中国航天科工集团支持，建成了智慧蜂场，生产的百花蜂蜜刚刚获得一项业内大赛的金奖。

问 扶贫、减贫、脱贫，是全世界共同面临的难题。像中国这样，集中各方面资源，采取如此细密的办法，实属罕见。

答 这是由中国道路的社会主义本质决定的。改革开放以来，中国先后让 7.7 亿人口摆脱贫困，完成全世界 70% 以上的减贫任务，提前 10 年实现《联合国 2030 年可持续发展议程》相关减贫目标。世界银行行长金墉 2017 年 10 月 12 日在国际货币基金组织和世界银行秋季年会新闻发布会上说，全球极端贫困人口比重，从 20 世纪 90 年代的近 40% 降至目前的 10% 左右，其中绝大部分贡献来自中国。

不能不说，这是人类进步史上的一个奇迹，是中国道路创造的最能体现公平和人道主义本质的故事。前面说到的拍摄中国脱贫纪录片的美国人罗伯特·库恩感慨道："中国的扶贫故事是世界上最伟大的故事之一，我相信未来的历史学家在回顾这个故事时，会把它作为我们这个时代的标志性事件。"

路上不见了"飞来峰"

问 **你说脱贫举措和成效是由中国道路的社会主义本质决定的，其实西方发达国家的制度安排中，也有社会主义因素。在一般人看来，除了坚持中国共产党的领导和某些政治制度的特殊设计外，中国道路和西方现代化道路可能没有多大区别。**

答 这或许是对中国道路的另一种误解。

西方发达国家的制度和政策中，确实有社会主义因素。实际上，很难说世界存在完全彻底的自由资本主义国家。

法国在 1946 年的宪法中曾明确宣布："所有一切具有和将要具有为全民服务或事实上具有垄断性质的财富和企业，必须全部成为全社会的财产。"这和中国的国有企业制度安排有些相似。

遍布西欧各国并不时上台执政的社会民主党，就是从传统的社会主义政党演变过来的。我 2012 年到欧洲社会党总部参观的时候，看到每位工作人员都戴着一枚玫瑰红的胸章，一打听，说是象征理想和信念。

美国的经济制度尽管是自由主义占绝对优势，但也不可避免拥有不少国家调控成分。诸如出现特殊情况，政府对企业进行调控或补贴；为数很多的政府财政转移支付；通过向中产阶级和富人征收累进所得税来补贴贫困者；发展公立学校；等等。这些做法，在西方语境下，也属于社会主义因素。2020 年参与民主党总统候选人竞争的桑德斯，因为想搞欧洲那种全民福利制度，被美国舆论称为"社会主义者"。

当然，我们可以设想一下，如果桑德斯真的成为美国总统，美国真的会实施社会主义政策吗？当然不会。因为西方发达国家的社会主义因素难成主流，并且缺少根本制度支撑。其社会主义因素有些像刹车片的作用，是防止国家在自由资本主义的道路上跑得太猛而翻车。

资本主义社会固有的结构性矛盾很难解决。2014 年，法国经济学家托马斯·皮凯蒂出版的《21 世纪资本论》很畅销。他沿用了马克思当年写《资本论》的思想方法，对 18 世纪工业革命以来的财富分配数据进行分析，认为不加制约的自由资本主义，导致财富不平等的趋势加剧，自由市场经济不能完全解决这个根本矛盾。

问 **但不能否认，社会主义因素是西方发达国家的积极面。**

答 社会主义的基本主张拥占道义高点，这要归功于马克思。他在 19 世纪中叶预测，无产阶级和资产阶级的冲突将日趋激烈，无产阶级将会取得胜利。革命将率先发端于工业革命的领头国，如英国、法国和美国，然后再蔓延到其他国家。

问 **这个预测恰恰没有成为现实。**

答 问题就在这里。为什么没有成为现实？以色列学者尤瓦尔·赫拉利在他的《未来简史》中，有一种解答。他说：

随着社会主义的火炬逐渐得到拥护而壮大，资本家开始有所警觉，也细读了《资本论》，并采用了马克思的许多分析工具和见解。20 世纪，从街头的年轻人到各国总统都接受了马克思对经济和历史的思考方式。……当人们采用了马克思主义的判断时，就会随之改变自己的行为。英法等国的资本家开始改善工人待遇，增强他们的民族意识，并让工人参与政治。因此，当工人开始能在选举中投票、劳工政党在一国又一国陆续取得权力时，资本家也就能够继续高枕无忧。于是，马克思的预言未能实现。英、法、美等工业强国并未发生大规模共产主义革命。

尤瓦尔·赫拉利的结论是："预测越准确，引起的反应就越多。"反应越多，引起改变的可能性就越大，从而使得资本主义和社会主义都没有原地踏步。发达的资本主义开始汲取一些拥占道义高点的社会主义因素，而社会主义国家则汲取一些西方发达国家的现代化经验。

为此，中国探索出不属于马克思设想的那种"模板"的社会主义道路。比如，把建立和完善社会主义市场经济体制作为中国道路的一个重要内容。

问 **你前面说到，中国道路不是西方现代化道路的"翻版"，事实上，有现成的西方现代化模式摆在那里，中国跟在后面走，既省力，也不至于在意识形态上和西方冲突。**

答 这个问题切中我们讨论的要害。

自工业革命开始，不同国家和地区都基于自身的实际，探索走向现代化的途径。由于现代化率先发生在西方，被人为地赋予了"优越感"，由此给西方带来自信，似乎现代化只有他们那样的途径，其他道路不可能成功。这就是马克思在《共产党宣言》中说的，西方总是想"按照自己的面貌为自己创造出一个世界"。

问 你前面说到形成中国道路有八大探索步骤，在漫长的"寻路之旅"中，中国确实曾大量向西方学习，为什么非得改走他路？

答 先要说明，中国道路是在改革开放中被开创出来的。改革，是对自身的"全面改革"；开放，是对外部世界的"全方位开放"。因此，不能说中国道路没有吸收西方先进的文明成果。

近代中国，给了所有"寻路者"充分展示的机会。1949 年以前，在国家层面走的基本上就是"翻版"的西方道路，诚心实意搬过西方模式的"飞来峰"，希望它们能够解决中国的问题。

中国道路的奠基者毛泽东，对这段"寻路之旅"，曾在 1949 年作出过生动描述：

先进的中国人，经过千辛万苦，向西方国家寻找真理。

求进步的中国人，只要是西方的新道理，什么书也看。向日本、英国、美国、法国、德国派遣留学生之多，达到了惊人的程度。

要救国，只有维新，要维新，只有学外国。那时的外国只有西方资本主义国家是进步的，它们成功地建设了资产阶级的现代国家。日本人向西方学习有成效，中国人也想向日本人学。

学了这些新学的人们，在很长的时期内产生了一种信心，认为这些很可以救中国。

结果呢？"一切别的东西都试过了，都失败了。"

因为西方的道路，是在西方国情土壤上自然生长出来的，在中国，它却像"天外飘落的飞来峰"，在上面无法种出有用的花果。

于是，邓小平承接毛泽东的论断，继续发挥说："世界上的问题不可能都用一个模式解决。中国有中国自己的模式。""要求全世界所有国家都照搬美、英、法的模式是办不到的。"

中国的现代化道路，有其自身的内在动力和发展冲动。不是有更好的路子弃而不采，非得一意孤行改走他路不可，而是因为"中国不走这条路，就没有别的路可走"。

在不发生动荡，不使国家翻船的情况下，还要能够从较低的起跑线上向前走得更快，显然需要更大的动力和活力，更强的规则和凝聚力。中国道路满足了这种历史需求。

当然，治理比世界上发达国家人口总规模还要大的中国，政府的责任和使命要比西方各国政府大得多，重得多，复杂得多。中国人常常开玩笑说，如果让西方社会的政治家轮番到中国来，按西方模式来治理，恐怕他们连一个月都干不下去，要么实在承受不了压力，不愿意干；要么被人民反对，不能干；要么中国混乱起来，干不了。

问 和其他国家的发展道路比较起来，中国道路有什么优势？

答 发展中国家在走向现代化过程中，有三件事情比较难处理，或者说容易陷入两难境地。

不改革原有体制不行，而改革发动起来后，一些国家的政府却难以掌握改革的进程、节奏和方向，结果翻船，被自己发动的改革抛弃。

国家在逐步发展过程中，阶层分化，利益诉求多样化，由此激化社会矛盾，失去稳定。

现代化意味着对外开放，而且是全方位开放，但在开放中，一些国家又容易失去发展的自主权，从而使自己的利益受到国际资本和其他国家政治要求的挟持。

中国道路，避免了让中国陷入以上三种被动局面。

问 我们看到的现实是，冷战结束后，起码有一二十个国家出现了各式各样的"颜色革命"，又被称为"阿拉伯之春"，它们在道路重塑中，大都受了西方的影响而向"西方模式"靠拢。

答 为了寻找新的发展道路，一些国家调整或重塑自己的政治生态，甚至主观上觉得应该按西方发达国家的模式来治理自己的国家，我们不会去说三道四。

学会"拷贝"西方模式是容易的，但并不一定会找到抵达未来的现成"钥匙"。各种"革命"发生一二十年了，除少部分国家走上正轨外，现在人们看到的事实是，一些国家政权频频更替，依然没有稳定下来；有的陷入常年内战；有的经济发展缓慢甚至停滞，安全形势难以恢复正常。

为什么它们没有按西方的意愿走上正轨？无论是西方精英，还是经历"革命"的当事人，在兴奋消失之后都在反思，感觉在革命中呈现的"新鲜颜色"给人们带来的是"虚幻的黎明"。

问 **你的意思是说"颜色革命"和"阿拉伯之春"并没有增加中国人对西方道路的好感，增加的是对西方道路的警觉，强化了对中国道路的认同？西方的舆论就没有对中国产生影响吗？**

答 在改革开放初期，确实有人比较推崇以美国为代表的西方模式，认为要实现现代化，向西方靠拢或许是一条可行的选择。有的人也一度很在乎美国和西方的舆论，躲在被窝里偷偷听"美国之音"，私下传阅西方报刊消息，被认为是"思想前卫"的时髦之举。

现在情况变了，思想依然前卫的年轻人，心态、思想发生了很大改变，在他们走出去看世界之前，"已经可以平视这个世界了"。

外来模式的说教最终难以和中国道路的成功实践辩论。在中国的"赶路人"和"筑路人"眼里，不见了"飞来峰"。美国和西方针对中国的宣传变得可疑起来，削弱了曾经有过的光芒。

美国有个政治分析咨询机构叫欧亚集团基金会，它在 2020 年 4 月发布的全球民调报告称："中国受访者对美国的正面看法下降了 20%，对美国民主的正面看法下降了 15%。一半的中国受访者认为，美国的影响使世界变得更糟。""中国受访者越来越不喜欢美国的民主体制。"

问 　　**冷战格局结束时，有美国学者提出"历史终结论"，意思是说，资本主义道路、西方模式是人类社会的最终选择。**

答 　　美国确实赢得了冷战，但不是美国打败苏联，而是苏联自己打败了自己；不是资本主义战胜了社会主义，而是苏联模式的社会主义犯了错误。

美苏冷战在 20 世纪 90 年代初结束时，中国道路的成熟程度、中国发展的成就还不像今天这样。但正是从那个时候起，中国道路的优势越来越明显地转化为中国的发展优势。

冷战结束后，几乎所有西方发达国家同美国的差距都在拉大，但中国同美国的差距却在拉近。日本的经济总量在冷战结束时是美国的 2/3，现在是 1/4 左右；德国当时接近美国的 1/2，现在是 1/5 左右；中国当时经济总量只有美国的 1/15 左右，如今已经超过 2/3。

中国道路已经逐渐积累起对自身发展更为有利的战略态势。虽然它过去不是，将来也不会是一马平川，依然会面临各种难题和意想不到的风险挑战，但中国人觉得，应该让它在发展中去继续证明自身的存在和意义。这样一来，历史就不会有终结的时候。

第四章

成长——中国制度

我们还调查了不同形式的共和制，许多国家在建国之初就播下了迷茫的种子，生生死死；我们也研究过欧洲列国，但没有一部宪法适合我们美国。我们今天是靠智慧来设计整个国家和政府的模式。

——本杰明·富兰克林（美国政治家）

我觉得我们必须抛弃非黑即白的简单二分法。

有效的危机响应的重要分界线，并非是一边是威权国家，另一边是民主国家。

——福山（美国学者）

"奠基"时刻

问 　你说中国道路有实践、理论、制度和文化四种形态，其中，制度是刚性的，对实践运行、理论认识、文化生态都有相应的规范和约束。西方对中国道路的评价也会经常集中在制度上面。

答 　如何看中国道路确实会聚焦到中国制度上面，国家进步和兴盛的标志是一整套新制度的确立。经济社会的健康发展、国家外部影响力的扩大，大多属于内部制度的有效延伸。所以，我们认为，制度优势是一个国家的最大优势。

问 　中国道路的制度形态是从什么时候开始建立的？

答 　先说政治制度。中国政治制度有四块大"基石"：人民代表大会制度，中国共产党领导的多党合作民主协商制度、民族区域自治制度和基层群众自治制度，前面三块

"基石"，在新中国成立的时候就明确了。它们是区别于其他国家制度的"政治基石"，是不能搬移的，只能根据新的历史条件不断地完善和发展。

总体上说，从新中国成立到改革开放前，属于中国道路的制度形态奠基时期。

问 看来你想强调，中国政治制度在奠基时期就和西方政治制度有很大差异。

答 确实如此。各国的制度体系，都是在其历史文化和现实国情的土壤上长期演进的结果。虽然有的内容可以吸收外国的，但完全照搬，不现实，会发生水土不服的情况。

比如，在西方形成的君主立宪制、议会制、多党制、总统制等，中国都经历过、尝试过，但总是走样，搞不下去。

为了搞君主立宪制，清王朝政府在倒台前公布中国第一部宪法《钦定宪法大纲》。世界各国宪法都是人民及其代表议定，唯有这部宪法是"钦定"，而且第一条就是要保障清王朝"万世一系"，完全违背民主原则，故而它不可能起到维系国家稳定的作用。

中华民国时期，执政者心目中的理想制度仍然是西方模式。孙中山构想出"五权宪法"这样的模式，即国家设立立法、行政、司法、监察、考试 5 个平行机构，互相监督。据说这是世界上最分权、最民主的宪法。但当时中国最急迫的是要解决"一盘散沙"、如何统一的问题，"五权宪法"不可能落实。国民党不得不先搞一党"军政"，继而搞一党"训政"。

或许，世界各国的政治制度原本就没有可以完全搬用的"飞来峰"。即使都实行总统制，法国的总统制明显有别于美国的总统制，有人称之为"半总统制"，其政府总理的权力不小。西德和东德统一后，采用的是议会制而不是总统制。即使实行君主立宪制的国家，有的国王是名义上的国家元首，个别的也会履行某些实权，而英联邦成员国则共同拥有一个国家元首。这些在人们看来，都是正常的。

可见，各国政治制度如果是稳定的，那它一定是在自己国情土壤上积累和创新出来的。

美国立国之初召开大陆制宪会议，在各方意见争论不休、相持不下的时候，本杰明·富兰克林说了这样一段话：

我们需要一种政治智慧，我们在努力地搜寻这个智慧。我们研究过古代历史中的政治模式，我们还调查了不同形式的共和制，许多国家在建国之初就播下了迷茫的种子，生生死死；我们也研究过欧洲列国，但没有一部宪法适合我们美国。我们今天是靠智慧来设计整个国家和政府的模式。

继承欧洲政治文明的美利坚合众国开国者，尚且坦率承认，欧洲各国的制度模式没有适合他们的。

新中国成立时，对国家制度的设计面临同样的情况。

问 **具体说说人民代表大会制度，这块"基石"是中国的根本政治制度，但是人们不大清楚它的具体面貌。**

答 人民代表大会是体现人民当家做主的组织形式，是权力机关。各级政府的组成人员，由同级人民代表大会选举任免；各级政府的重大决策，由同级人民代表大会审议通过。全国人民代表大会是中国最高权力机关，其常设机关叫全国人民代表大会常务委员会，由160多位成员组成。

中国设有全国、省级、市级、县级、乡级五个层级的人民代表大会，共有260多万人大代表，其中，全国人大代表有2900多名。县和乡镇两级人大代表，是由选民一人一票直接选举出来的，占到代表总数的94%。市级以上的人大代表，由下一级人大代表选举产生。

问 有人对人大代表好像有些议论，觉得他们不像西方的议员那样发挥作用。

答 这可能是误解。我就讲一个人大代表的故事，看看人大代表是一些什么样的人，做什么事。

有位叫申纪兰的人大代表，2020 年 6 月刚去世。她连续当了十三届全国人大代表。对此不要惊讶，西方国家议会中也有从年轻当到去世的议员。

申纪兰 18 岁嫁到山西省平顺县的西沟村，当时多数农村的习惯是，男人下地干活，女人在家做饭、缝衣服、生个娃娃、喂头猪。新中国成立后，申纪兰为改变妇女地位，像男人一样蹬上耙犁耙地，还发起一场和男人的劳动竞赛。她还向村里提出，男女要"同工同酬"。申纪兰由此成为实现妇女解放的标志性人物。1954 年，她被选为第一届全国人大代表。这次会议通过的《宪法》便写进了"男女同工同酬"规定。

申纪兰一度担任山西省妇女联合会的主任，算是一个局级干部，但她硬是辞职回到西沟村。她说："不是西沟村离不开我，是我离不开西沟村。"改革开放后，为了增加村里的集体收入，她多方奔走，为村里办企业。她常说："群众不富我先富，不是人民代表。"2019 年秋天，90 岁高龄的申纪兰还自己扛着锄头下地，种了几分口粮地。

问 听起来，这是劳动模范的故事，好像没有专业性。作为人大代表，她的贡献在哪里？

答 像申纪兰这样的人大代表，参加劳动，生活在农村，最了解农民的诉求，这应该就是她的专业性。她在全国人民代表大会期间提的议案很多、很具体。比如，从1993年到2020年，她递交的议案达490多件，自己领写的议案有80多件。在一份议案中，她说，土地承包以后，土地纠纷越来越多，许多人占地盖房子，农民占地，干部占地，国家也占地。由此提议："即使要建设社会主义新农村，也不能侵占耕地，没有地种庄稼，大家都要喝西北风。"

建设社会主义新农村是中央政府提出来的要求，不少地方政府把它理解为拆除老百姓的旧房，或占用耕地，统一建设成新式楼房。申纪兰提这样的议案，是有政治见识和政治勇气的。

像申纪兰这样的人大代表有很多。在目前的第十三届全国人大代表中，除了一线的工人、农民、乡村教师、部队战士，还有快递小哥、青年志愿者、民营企业家、大学教授、律师等，各行各业都有。他们都以普通人身份参与政治。

全国和省级人民代表大会，按专业设有专门委员会。全国人民代表大会就设有宪法和法律、监察和司法、民族、财政经济、教育科学文化卫生、外事、华侨、环境与资源保护、农业与农村、社会建设 10 个专门委员会。参加专门委员会工作的全国人大代表大多有相关领域的工作经验，或者是在各地区各部门担任过领导的干部，或者是专业研究人员。他们在审议法律、执法监督方面，有明显的专业优势。

问　毛泽东那一代人在创立基本制度后，是不是想到过对它进行一些改变？

答　那代人对制度的理解是比较开放的，并没有裹足不前，停止探索。

比如，毛泽东在 1956 年就提出，"我国的社会主义制度还刚刚建立，还没有完全建成"。他当时还讲过：斯大林不尊重甚至严重破坏法律制度这样的情况，在英国、美国和法国这样的国家就不可能发生。

问　当时有没有更具体的制度变革方面的想法和措施？

答　有不少。1956 年 11 月，时任全国人大常委会委员长的刘少奇在中国共产党的中央全会上专门讲道，中央很担心"国家的领导人员有可能（也不一定啰）成为一种特殊的阶层"，因此，"要加强人民群众对领导机关的监督，订出一种群众监督的制度，使我们的领导机关和领导人员接近人民群众"，"人民代表大会的工作怎么做，如何监督政府、监督我们的领导人员，报纸如何监督，都要认真研究"。

在这个报告中，刘少奇还讲了这样一段话：

我们还可以考虑一些其他的办法。毛主席有一次讲过，资产阶级民主，特别是初期，有那么一些办法，比我们现在的办法更进步一些。……我们小孩子的时候曾经听说，华盛顿在革命之后，作了八年总统，又退为平民。这件事对我们很有影响。华盛顿作过总统，他也是劳苦功高吧，比我们在座的同志怎么样？他作了八年总统，又退为平民。这样的办法，我们是不是也可以参考一下，也可以退为平民？资本主义国家中有些人当过部长，当过总理，结果又去当教员，当教授，当律师，当经理，当校长。（毛泽东插话：我们如果那样，就叫受处罚。）艾森豪威尔当过总司令之后，又当过哥伦比亚大学的校长，然后才去竞选总统。马歇尔当了国务卿之后，又去当红十字会的会长。当然我们不一定完全照那样办，但恐怕有些东西，资产阶级的有些制度也可以参考。

今天中国的公务员除非个人原因辞去公职，或者犯了错误被降级使用，仍然存在"能上不能下"的情况。毛泽东那代人，感觉到西方的"旋转门"制度也可以参考，不能说思想不活跃。

他们对刚刚建立起来的一些制度、体制做了不少调适和改革，后来走了弯路，甚至走上了岔道。"文化大革命"时期，出现了破坏既有制度的无政府主义思潮。看来，奠定基本制度后，再对它进行调适和改革是很不容易的事情。

因为有过惨痛教训，在开创中国道路的过程中，格外重视制度建设。邓小平1980年提出："领导制度、组织制度问题更带有根本性、全局性、稳定性和长期性。""制度好可以使坏人无法任意横行，制度不好可以使好人无法充分做好事，甚至会走向反面。"

问　**1978年改革开放后，在制度建设上似乎是再一次起步。**

答　再次起步是从恢复民主与法制开始的。1982年制定新的《宪法》，以《宪法》为中心的制度建设和改革，开始走上正轨。制度建设，是从无到有；制度改革，是从旧到新。

改革开放初期，制度的建设和改革面临三种情况：许多制度不明确，无法可依；一些制度规定得不到遵行，有法不依；一些制度不适应新的形势需求，需要改革。

问   **当时中国有无法可依的情况吗？**

答   说起来可能让人都难以理解，新中国都建立 30 年了，还没有建立起领导干部的退休制度。新中国成立初期的领导干部，大都年富力强，不存在退休问题。但到 20 世纪 80 年代初，省部级领导普遍超过 60 岁，中央领导层则普遍超过 70 岁。

邓小平 1980 年在中共中央政治局扩大会议上作了题为《党和国家领导制度的改革》的讲话，提出当务之急是领导制度、干部制度、行政体制方面的改革。具体做法是，明确废除领导职务终身制，建立退休制度。

老一代领导干部大多是职业革命家，让他们彻底退休需要一个适应过程。为此，中央采取了一个过渡办法，成立中央和省一级的顾问委员会，让他们为改革开放当参谋，搞调查研究。邓小平和陈云这两位党内德高望重的领导人，先后担任中央顾问委员会的主任。到 1992 年，过渡完成后取消了这个机构。

中国制度建设和改革起步时，面临的这类问题还有很多。

政治制度：成长故事

问 有人觉得，改革开放以来，中国的经济社会制度变化很大，政治制度变化不大。

答 不是这样的。改革开放初期就已明确，要改革不适应甚至阻碍解放和发展生产力的上层建筑，其中自然包括政治制度。

当然，在通常情况下，经济社会制度的变革总是要比政治制度的变革活跃一些。如果动不动就变革上层建筑不仅不现实，而且很可能出现政治上的不确定性，导致社会的不稳定。

中国政治制度改革的特点是循序渐进，其中有继承、补充和完善，有改革、创新和发展。

前面说过中国政治制度有四块"基石"，其中的"基层群众自治制度"，就是改革开放后增加的。

问 许多人并不知道有"基层群众自治制度"这块"基石"。

答 这是人们自发创造出来的。中国的"基层",是指城市的街道社区,农村的村庄。它们是中国社会结构的神经末梢。所谓"自治",就是自我管理、自我教育、自我服务、自我监督。

在城市街道社区,过去成立有居民委员会。1980 年正式颁布《城市居民委员会组织条例》,全国有八九万个居民委员会。

在农村,过去设立的生产大队和生产小队既是生产单位,又是基层治理单位。改革开放后,土地承包到每家农户,个体单干,人们对村里的公共事务不像过去那样感兴趣了。

山东章丘县(现山东省济南市章丘区,编者注。)沙湾村党支部书记苗万家就遇到了麻烦。村里的义务工没人出,应该上缴国家的税费没人交,村里欠债两万元,连利息都交不起。苗万家急了,只好"卖公章"。凡是村民需要到村里开证明、盖公章的事,都必须先交税费。于是,他得到了一个外号,叫"公章书记"。

还是农民自己有办法来打破困局。1980 年 2 月 5 日,广西河池市屏南乡合寨村(当时还叫生产大队),有 85 名农民围坐在一起,从 6 名生产队代表中,差额选出 5 名村民委员会成员组成一个管理班子。当时,村子里风气不好，集体的事情没有人管，一些人赌博、盗窃、乱砍树木、搞封建迷信，秩序失控。新成立的村民委员会带领大家订立9条"乡规民约"。此后，修建水库、公路这样的公共事务，也有人出来领头，大家也愿意参加了。

1982年，通过选举产生的村民委员会和居民委员会，作为基层自治组织一同写进了《宪法》。随后，在农村中取消原有的人民公社行政管理体制，恢复成乡级人民政府。下辖的生产大队改建为村民委员会。农民也不再叫"公社社员"，而叫"村民"。"基层群众自治制度"就这样形成了。

现在，全国有261万多个自然村，组成60多万个行政村（由若干自然村组成，设有村委会和党支部），它们是农民生产和生活最基本的关系单位。

首开村民自治先河的广西河池市屏南乡合寨村，现在的自我管理、自我服务意识越来越强。他们在村委院墙上办了一个村务公开专栏，村民可以在上面查阅财务开支、村民自治事务、村民意见征询与反馈等详细情况。

在城镇社区，基层群众自治又是另外一番景致。

每个社区都被编织进了居委会的网络。武汉市洪山区东湖风景区街道办事处有个新城社区居民委员会，工作人员13位，服务社区12765位居民。2020年新冠肺炎疫情最严重的时候，小区实行了封闭管理。居委会主任陶久娣每天早上一睁开眼睛，就要面对这么多人吃饭、就医以及长期憋在家里出现的心理问题，有的老人被独自困在家里，也需要照顾。13 个人根本忙不过来。

怎么办？陶久娣开始调动自己的网络资源。先是动员社区几十名物业管理人员过来帮忙；再不够，又招了 70 多名志愿者；还不够，别着急，还有政府、企业、事业单位派来的工作人员。

实行基层群众自治制度，使基层社会成为被组织起来的巨大网络。有无与伦比的规模和纵深，既有强度，又有弹性。能够自主地处理各项公共事务，又能快速地灵活应变，不会脆断。

问 **政治制度改革，除了把"三块基石"变成"四块基石"，还做了什么？**

答 政治制度还包括法律体系和国家行政系统的管理制度等。这方面的改革，有一个共同方向，叫"依法治国"，目标是建设成法治国家、法治政府、法治社会。一句话，办什么事情都要遵守法律和规章制度。

问 **在依法治国上，都推进了哪些制度性变革？**

答 先讲司法制度的改革。这些年来，为方便审理跨行政区域重大行政和民事商事案件，最高人民法院设立了巡回法庭；为做到有案必立，有诉必理，还改革了法院案件受理制度，变立案审查制为立案登记制；为了更专业地审理案件，设立了知识产权法院等。

公正司法是维护社会公平正义的最后一道防线。新时代的中国，人们非常熟悉英国哲学家培根的名言："一次不公正的审判，其恶果甚至超过十次犯罪。因为犯罪虽是无视法律——好比污染了水流，而不公正的审判则毁坏法律，好比污染了水源。"

过去，经常有官员向法院打招呼、递条子，为一些案件当事人说情，干预法院独立判案。现在好了，凡有谁为案件当事人说情，法官都必须记录在案。法院的法官和检察院的检察官全部实行员额制度，明确他们要独立办案，谁办案谁负责。

法国启蒙思想家卢梭说，一切法律中最重要的法律，既不是刻在大理石上，也不是刻在铜表上，而是铭刻在公民的内心里。

怎样才能让人们从内心里切实感受到法律的公平正义呢？最好的办法是透明公开。从2014年1月1日起，全国3000多家各级法院的裁判文书都要在"中国裁判文书网"上公开，接受公众监督。受到社会关注的大案要案、热点案件，有的还在电视或互联网上直播庭审过程。

问 | 对行政制度的改革是怎样推进的?

答 以前,各级行政机构的权力很大,对经济社会领域的管理很细密和烦琐。行政体制改革最大趋势就是"简政放权",权力下放。

在天津市滨海新区,从事行政审批的有 500 多位公务员,分属 18 个行政机构。人们办一件需要行政审批的事情要跑 10 多个部门,盖几十枚甚至上百枚公章才能得到批准。

2014 年 5 月 20 日,天津市滨海新区成立行政审批局,把滨海新区所属 18 个部门的行政审批权全部划转到行政审批局,废掉原来审批专用的 109 枚公章,实现"一颗印章管审批"。人们办事情,只需到行政审批局盖一枚公章就行了。

印章"瘦身"的背后是权力的割让,触动一些机构的既有利益。新成立的行政审批局只有 130 多个岗位,意味着原来的 18 个部门、400 多名公务员与行政审批权力说"再见"。人们自然舍不得,有的拿出法律法规和部门规章据理力争;有的担心,划走了审批权,自己这个部门的"存在感"就没有了;有的宣称,不让审批了,谁审批、谁管理、谁负责!但是,终究也阻挡不住这一改革趋势。

2014 年 9 月 11 日,天津市滨海新区正式封存被废弃的 109 枚审批公章那天,国务院总理李克强也来到现场,他郑重叮嘱:"这些公章今天被贴上了封条,就决不能再打开，再也不能变相给老百姓'设门槛'。"这109枚公章后来被送往国家博物馆收藏。

这项制度改革给老百姓带来什么好处呢？

封存公章那天，在滨海新区行政大厅办事的郭兰胜告诉记者，他于2008年注册了一个餐饮公司，因不堪忍受艰难烦琐的审批过程，专门找了一家代办公司，前后用了20多天时间，还花掉六七千元代理费。"现在改革了，我就想先试试自个儿办是否方便，结果，真快，就一个地儿，就一天，全都办下来了！"

问 **看来，行政制度的改革是政府的艰难选择，说它是一种"自我革命"也未尝不可。但政府终究要担负行政管理职能，没有不犯错的政府，如果政府出错，人民靠什么来监督和纠正？**

答 在历史上，有普通民众状告具体官员的情况，但不可以状告政府。1990年施行的《行政诉讼法》掀开了新的一页。这在西方或许不算稀奇，在中国却是了不起的进步。

1995年，湖南省浏阳市官渡镇政府突然发出一个文件，宣布撤销该镇原有的一家林场，理由是这家林场的管理人员素质不高，万一出事，出现混乱，镇政府担待不起。而且，这家林场也不能增加政府的税收。但是，这个决定对林场的十几名职工来说却是一场灾难，工资收入和日常生活没有了着落。他们首先想到的还是按传统的办法去找政府评理，先后往市政府跑了20多趟讨要"说法"，甚至找到了市长，但问题依然拖而不决。

这时，镇里一位退休教师告诉林场场长巫统富，你可以依据《行政诉讼法》和镇政府打官司，这才点醒他们。浏阳市法院受理了这起行政诉讼案，判定镇政府的文件无效，镇政府只好撤销自己的决定。

行政诉讼制度给了老百姓起诉政府的权利，要让政府少犯错，减少和老百姓之间的摩擦，关键还是在规范和约束政府的行政权力。

行政制度改革正是往这个方向推进的。继《行政诉讼法》后，还实施了《行政许可法》《国家赔偿法》等，并建立听证会制度。这样一来，哪些事项政府有权作出规定；哪些事项不应该由政府去管；哪些事项政府决策前要开会听证；政府办错了事情，应该怎样赔偿等，都有法可依了。

问 　**关键还是要靠增强老百姓的法律意识，才能规范政府和老百姓的关系。**

答 　普通公民法律意识的觉醒和普及，是法治社会建设的土壤，而法治社会的建设，又是依法治国的基础。这方面的改革，路走得很艰难。

20世纪90年代，有两部电影故事片，体现了中国法治社会建设的真实面貌。

一部叫《秋菊打官司》，讲一个普通农村妇女为了替被村长踢伤的丈夫讨个说法，一趟又一趟地去打官司，说明法律意识在公民中的觉醒和普及。

一部叫《被告山杠爷》，说的是制度变革给乡村社会治理方式带来的复杂影响。

影片讲德高望重的村支部书记山杠爷，是村里最大的"官"。他行事大公无私，全心全意为村里人办事，在村民中很有权威。一个叫强英的妇女，虐待婆婆引起公愤，为惩治这种坏风气，山杠爷当众处罚了她。但她仍不改正，山杠爷就让人把她捆绑起来游街，结果，脾气倔强的强英上吊自杀了。

公安局来调查的时候发现，村里人都不认为山杠爷治理乡村社会的方式有什么问题，包括平时因为不交公粮，或者不种自己的承包地，或者不出工出力修建水库，分别受到山杠爷处罚的人，都不记恨他，反而感激他治理乡村尽心尽力。办案人员明白，山杠爷大公无私无可争议，但强英上吊自杀，确实因为他违法治理引起的。

法院最终判山杠爷入狱服刑。入狱前，山杠爷心里纠结的不是自己的难堪，而是到村里的学校去安排学生如何过冬，晚上又开党支部会议交代应该做的事情。第二天，他被戴上手铐带走的时候，全村人都来为他送行。

问　　**这个故事很有中国味道，让人感受复杂。中国政治制度在变革中成长的过程有了个轮廓。可否从整体上描述一下中国政治制度体系的面貌？**

答　　中国政治制度追求中国共产党的领导、人民当家做主和依法治国三者的统一。它主要有四个方面的内容：中国共产党领导国家的制度，包括中国共产党自身建设的制度；国家的基本政治制度，就是前面说的"四块基石"；法律体系和依法治国制度；国家行政体制和对政府权力运行的监督体系。

经济改革的神奇"脉动"

问 人们有一个共识：经济制度改革很重要的一块内容，是从高度集中的计划经济体制变为市场经济体制。但中国总是强调，自己搞的是"社会主义市场经济"，为什么一定要加"社会主义"几个字？

答 这是一个老问题。1992年确立社会主义市场经济体制改革目标后，就不断有人提出这个疑问。

当时的国家主席江泽民是这样回答的："有些人老是提出这样的问题：你们搞市场经济好啊，可是为什么还要在前面加上'社会主义'几个字。他们认为，'社会主义'几个字是多余的，总是感到有点不顺眼、不舒服。我对西方国家一些来访的人说，我们搞的是社会主义市场经济，'社会主义'这几个字是不能没有的，这并非多余，并非画蛇添足，而恰恰相反，这是画龙点睛。所谓'点睛'，就是点明我们的市场经济的性质。西方市场经济符合社会化大生产、符合市场一般规律的东西，毫无疑义，我们要积极学习和借鉴，这是共同点；但西方市场经济是在资本主义制度下搞的，我们的市场经济是在社会主义制度下搞的，这是不同点，而我们的创造性和特色也就体现在这里。"

这个回答反映了中国的真实想法。如果要补充的话，我们还认为，无论是计划经济还是市场经济，都是发展经济的手段，而不是决定社会经济性质的价值尺度。所以，理论上讲，社会主义可以搞市场经济，资本主义也可以搞计划经济。

问 西方拒绝计划经济的态度很鲜明。

答 西方拒绝的是苏联那种高度集中的计划经济。实际上，计划经济的一些手段，在西方经济运行中并不少见，只不过换了一个名称，叫"政府干预"。中国则叫"宏观调控"或"发挥政府作用"。

20 世纪 30 年代世界经济大萧条，让人们看到了自由主义市场经济运行的失灵。英国经济学家凯恩斯提出的对策是：用政府这只"看得见的手"介入经济运行，用国家的力量推动经济复苏。凯恩斯还专门给美国总统富兰克林·罗斯福写信说，您已经成为各国力求在现行制度范围内，运用明智试验以纠正我们社会弊病的委托人。

罗斯福不负众望。他搞的"新政"，通过"紧急银行法"来整顿银行秩序；签署"紧急救济法"，成立紧急救助署，以扶持在贫困中挣扎的人们；签署"农业调整法"，以调整农产品价格；通过"全国工业复兴法"，为经济恢复注入资金；拨款 33 亿美元，投资启动各项大规模的公共工程，以拉动内需、吸纳劳动力。

政府干预这只"看得见的手"，同市场经济"看不见的手"联合起来，促使美国和世界经济逐步摆脱危机，由此改变了此前英国开创的自由主义经济传统。

从那以后，纯粹的自由主义市场经济制度在西方国家层面很难看到。2008 年发端于美国的世界金融危机中，各国都动用政府干预来阻止经济衰退。2020 年暴发的新冠肺炎疫情危机中，法国财长曾宣布，如有需要，政府将支持其两大汽车巨头在内的企业进行国有化。为避免铁路运输集团因疫情冲击而倒闭，英国政府宣布，暂停铁路特许经营协议，铁路系统随即进入国有化程序。财政雄厚的德国，一下子拿出 7500 亿欧元的刺激和救助方案，还警告海外投资者，不要对其大众、宝马等王牌企业进行恶意收购。

中国搞的社会主义市场经济，和自由主义市场经济体制有更加明显的区别。除了让市场在资源调配中起决定性作用外，始终强调要更好地发挥政府作用。为此，如何处理好政府和市场的关系，一直是经济制度改革的重中之重。

问 从制度建设和改革的角度看，推进经济体制改革的具体方式有什么特点？

答 在经济改革过程中，有的是顶层设计，制度先行；有的是总结改革实践，把一些理念和做法固化为制度。总的来说，中国经济改革的脉博，跳动得很神奇。

问 先建立制度再推行实践的例子有哪些？

答 改革开放初期，一些特别重大的改革开放举措，大多先要有相应的制度设计。创办经济特区，就是制度先行的结果。划出那么多土地，实行对外开放的特殊政策，没有法律条例的规定是不行的。1980 年全国人大常委会批准《广东省经济特区条例》后，深圳经济特区才正式开干。

制度先行的经济改革，最初的设想大多是一个轮廓框架。许多细节是在实践中完善起来的。

对外开放，吸引境外企业到中国来投资，如果没有明确的制度保障，谁也不敢进来。1979 年 7 月颁布《中外合资经营企业法》，但中外企业怎样合资经营，当时并没有经验。起草这部法律的专家，多次向搞过市场经济的老一辈企业家请教，其中就包括后来担任国家副主席的"红色资本家"荣毅仁。

　　这部法案的初稿中有一条规定，境外资本和企业的投资比例不得高于49%。荣毅仁提出异议，说自己接触到的外国银行和工商界人士，资金充裕，希望通过更多的投资获得更多的利润，不高于49%的规定，不利于吸引外资。这部法律正式表决时，便去掉了这条内容。

　　主持《中外合资经营企业法》起草工作的中共元老彭真，当时就说：这部法律重点规划我们对外商有什么优惠，有哪些监督管理措施，经过一段实践，有了经验后，再制定相关的实施条例。

　　1980年，北京航空食品公司获得工商部门颁发的"中外合资企业"第一号营业执照，合资经营企业由此诞生。到1983年，政府才正式颁布《中外合资经营企业法实施条例》，境外企业来中国投资，就更有章可循了。

问　　**恐怕更多的经济改革，是先有实践，后有制度。**

答　　经济改革实践探索，是制度建设的先导；经济体制的改革，通常是在实践倒逼的情况下逐步展开的。

　　城市经济体制改革，是从允许个体工商户出现开始的，这也是没有办法的事情。"文化大革命"结束后，大批到农村插队落户的知识青年返回城市，必须广开门路，允许他们通过摆摊卖货这类方式，自谋生活出路。

1980 年 9 月，在没有建立制度的情况下，北京市东城区工商局破例允许一个叫刘桂仙的人开办了第一家个体饭店，这在粮、油、鱼、肉都要凭票供应的情况下是件新鲜事。刘桂仙的悦宾饭馆在东城区翠花胡同开张的时候，闻讯而来的人挤满胡同，仅有 4 张桌子的餐厅根本招待不了这么多人，只好给那些排队的人发号。刘桂仙到晚上一盘点，一天净赚了 40 多元，相当于那时人们一个月的工资。

1980 年 12 月，在浙江温州街头摆摊卖一些日常用品的章华妹，领到了登记为工商（政）字第 10101 号的正式营业执照，成为"中国第一个有正式营业执照的工商个体户"。个体经营制度由此确立。

但是，个体工商户还不具备企业法人的资格，这使他们的经营范围和方式受到很大限制。1984 年，在辽宁大连经营个体照相馆的姜维，很想和一家香港企业合资办企业，但由于缺少法人资格，无法签订商业合同。他只好托关系找到上面的领导予以特批，这才获准成立第一家私营企业，名字叫光彩实业有限公司。

这个先例一开，催生了私人办企业的制度。考虑到中国大陆没有私有制这个提法，正式文件还只是称这类公司为"民营企业"，以同公有制的"国营企业"相对应。

随着私人办企业和公司的越来越多，又出现一个问题。当时中国大陆实行的是按劳分配制度，民营企业主虽然也参加劳动，但事实上他们是"按资分配"的。

怎么办？只能靠实践探索来解决。20 世纪 80 年代末到 90 年代初，随着人才市场、土地市场、股票市场、股份公司不可遏止地发展起来，传统的只允许按劳分配制度很难维持了。企业内部按职工所能够创造的价值来计算工资；企业股东只能按投资额度和比例来分配；买卖股票，赚多少赔多少，跟劳动更没有什么关系。

随着各种市场主体的壮大，民营企业主获得越来越多的财富，多种所有制经济共同发展的制度格局由此形成。"国家保护合法的私有财产"在 2004 年写入了《宪法》。

问 有一种说法，政府对民营经济虽然允许，但和国有经济比较起来，对它们的支持和保护力度并不大，一些民营企业家也有这方面的抱怨。

答 确实有这方面的情况。比如，向银行贷款，中小规模的民营企业就不是那么方便。但新时代以来，经济改革的一个重点，就是努力做到民营企业和国有企业一视同仁。2013 年，正式明确，要"保证各种所有制经济依法平等使用生产要素、公开公平公正参与市场竞争、同等受到法律保护"；"废除对非公有制经济各种形式的不合理规定，消除各种隐性壁垒"；等等。

问 这些改革，主要扩大了社会经济规模中的增量部分。以国营企业为代表的公有制经济，是如何在制度改革中拓展发展渠道的？

答 改革之初，面临的突出问题是如何搞活国营企业。过去受高度集中的计划经济制度约束，国营企业被管得很死。有的工厂要修建一个厕所也需上级批准；生产多少产品、产品有没有市场，似乎都和职工的实际收入不相干，工人们拿的是国家规定的固定工资。

为破除这些不合理的制度，一些有责任心的国有企业家纷纷要求"松绑"，扩大自主权。1984年，中央政府对这样的呼声作了回应，决定实行"放权让利"的体制改革。

一放权，厂长、经理们在企业管理上就大显身手。

裁缝出身的步鑫生是浙江海盐衬衫总厂的厂长，他借鉴在农村普遍实行的联产承包责任制办法，让工人们做多少活拿多少钱。为了保证生产质量，他还提出一个很生硬的口号，"谁砸我的牌子，我砸谁的饭碗"，率先打破传统的"铁饭碗"用工制度。该厂自创生产的"双燕"品牌衬衫，一下子火了起来，产品辐射全国20多个省区市。1984年2月26日晚上，中国影响最大的媒体中央电视台，中断正在播送的国际新闻，临时插播步鑫生改革的消息。

企业效益好了起来，但如何向国家上缴利税的问题又冒出来了。一些厂长、经理便走到了企业利润承包的这道门槛。

有一个叫马胜利的企业家,1984年以70万元的利润指标承包了石家庄造纸厂。他走马上任后,不仅提出打破铁饭碗、铁交椅、铁工资,号称"砸三铁",还在厂里搞层层承包。结果,当年就创利润140万元,1986年突破320万元。"马承包"这个名字风靡全国,他先后在全国作了1000多场报告。

不久发现,"放权""让利"和"承包"仍然避免不了一些国有企业经营不下去,对那些资不抵债的企业怎么办?新制度又出来了。

1986年8月初,当时最大的新闻,是沈阳市一家有70多人的集体企业宣布破产。这是新中国成立以来第一家正式宣布破产的公有制企业。这年年底,全国人大常委会通过《企业破产法》。因为在讨论这部法案时争议不少,就加了个括号,叫"试行",并附上一个条件,等《企业法》通过后再试行。

那时候,还没有制定《企业法》。直到1993年正式确认"国家实行社会主义市场经济",才颁布《企业法》,使企业的破产买卖,有了法律依据。从那以后,国营企业开始叫"国有企业",也就是说,是国家所有,但不一定是国家直接来经营。

一些国有或集体所有企业连年亏损,怎么经营下去,依然是道难题。20世纪90年代中后期,采取的办法,先是"抓大放小"。抓大，就是想办法让大中型亏损企业摆脱困境，通常的做法是技术改造和产业调整，有的甚至引入非国有资本参与国有企业改革，以激发活力。放小，就是把中小型亏损企业卖出去，变成民营企业。

问 经济制度经历 40 多年的成长，是不是像政治制度那样形成了一些"基石"？

答 简单来说，有三块"基石"：公有制为主体，多种所有制经济共同发展，这是对过去只搞公有制经济进行改革的制度成果；按劳分配为主体，多种分配方式并存，这是对过去只搞按劳分配进行改革的制度成果；社会主义市场经济体制，这是对过去只搞计划经济进行改革的制度成果。

"办大事"，为什么能？

问 常听说，中国制度的优势是"集中力量办大事"。对此，西方有两种看法。有人觉得，凡是中国觉得应该去办的大事，都可以以国家名义去调动资源，这样一来，社会资源容易受国家控制，但也会干扰市场经济。也有人认为，集中力量办大事，未必有多么了不起，在其他国家也能够做到。

答 这两种看法，截然相反，不难回答。遇到特殊情况（战争或灾害），任何制度类型的国家，都会以国家名义去调动资源，集中力量去应对。

中国集中力量去办的大事，不限于战争或灾害这类特殊情况，还包括解决改革、发展、稳定过程中的关键难题，推进具有重大战略意义的尖端项目，举办重大活动等。可以说，集中力量办大事，是一项基本制度设计。

问 这种制度设计难道是必然选择？

答 它是后发展国家实现尽快发展的优化选择。要想迎头赶上日新月异的现代化潮流，只能集中有限资源去办具有战略作用的大事情。

新中国成立初期，在"一穷二白"情况下，将有限的人力物力财力集中起来，推动实现工业化这一最为重大的战略目标，形成独立的比较完整的工业体系和国民经济体系。从具体项目讲，最著名的，就是调配29个部（院），900多家工厂、科研机构、高等院校，几十万科技、后勤、工程人员，协同攻克难关，在比较短的时间里，研制成功原子弹、导弹和人造卫星，由此提升了中国的国际地位。

西方国家也曾经这样来办大事。美国1942年开始实施研制原子弹的"曼哈顿计划"，总统罗斯福给这个计划"高于一切行动的特别优先权"，使这个重大工程能够动员10万多人参加，集中一批最优秀的科学家联合研制，耗资20亿美元。美国1947年实施塑造地缘政治的"马歇尔计划"，官方名称叫"欧洲复兴计划"，跨越4个财政年度，西欧各国接受美国金融、技术、设备等各种形式的援助，达到131亿美元。

办这类大事，各国的区别在于能不能更快速、更合理、更有效地集中资源。当然，也有国家或因判断，或因能力，或因制度，没有办法组织力量去办。

在中国，由于有制度支撑，集中力量办大事的效率确实惊人。人们印象很深的是，2003 年，为防控非典疫情，用 7 天时间在北京小汤山建起一所医院，收治全国 1/7 的非典型性肺炎患者。2008 年，无论是四川汶川抗震救灾，还是举办北京奥运会，全世界都看到了中国集中力量办大事的成效。

集中力量办大事，关键在非常规地调配资源的能力和权威。2020 年，新冠疫情暴发后，全民动员、令行禁止，人们在家隔离，以阻断疫情蔓延可能；只用 10 天左右的时间，就在武汉建成共计 2600 个床位的火神山和雷神山传染病医院；从全国各地组建 330 多支医疗队、4 万多名医护人员赶赴武汉和湖北；动员 19 个省市驰援湖北 16 个地市。

问 西方发达国家的政府在防控新冠疫情蔓延的事情上，办法和中国不一样，看来效果要差不少。现在的问题是，不是所有的大事都需要非常规地去调动资源，不惜代价去办，有的用市场经济的方式、用逐步积累的方式去解决，也是可以的。

答 有的大事，只靠市场这只"看不见的手"，是办不成的。解决中国几亿人口的持续和深度贫困问题，如果只靠市场运作，用经济发展的自然速度去解决，或者只靠一般性的福利制度安排去解决，那将是一个非常漫长的过程，产生的问题可能比解决的问题还要多，恶化的速度可能比解决问题的速度还要快。

还有，一些基础性经济建设项目，涉及民生的重大工程，也不能单纯靠市场来调配资源。

2019年，中国有一个比较热闹的话题，就是让14亿人都用上了电。乡乡通电、村村通电、户户通电，是一项持续多年的庞大工程，是必须办成的民生大事。为此，在青海、新疆、西藏、四川等省区的偏远地区，每户通电的成本达到4万元左右。

有户人家，住得很偏远，为了让这家人用上电，施工单位在崇山峻岭中专门架设18根电线杆把电通了过去。按照这户农家每月正常用电量50度计算电费，架设18根电线杆的成本费用，100年都还不上，这还不算投入资金的利息以及日常的人工维护成本。

任何一个以营利为目的的企业都不会这么做，只有国有企业才会去做。办这类大事，必须要有经济制度支撑。在经济制度的安排中，国有企业恰恰担负着这样的社会责任。

户户通电，看起来没有形成"爆发力影响"，但却是为共同富裕创造条件，因而必须去办的大事。边远贫困地区用上了电，人们就能看电视、上互联网，了解外面的世界；就能通水、通铁路，搞养殖、办工厂；就能够让看起来不太值钱的本地蔬果花卉、腌制肉肠和特殊农产品，卖出个好价钱。

问 集中力量办大事，除了经济制度的支撑，还有什么其他方面的制度支撑？

答 光有经济制度的支撑，还不足以形成集中力量办大事的优势，还需要政治、社会等方面的制度体系和行政管理体系，为集中力量办大事提供实现的可能。

中国政府部门的运行机制有"块块"和"条条"之称。所谓"块块"，指区域综合管理机关，全国是国务院，各地则是省、市、县、乡（镇）几个层级的政府。"条条"指领域管理机关，比如国务院设有民政部，省政府设有民政厅，市、县级政府设有民政局，乡镇则有民政助理员，凡属社会救济等民政事务，从上到下形成一条线的行政体系。

"块块"和"条条"的层级关系，有利于集中力量办大事。其具体运作方式，可以用"三个一"来比喻："一张图"，就是对所办大事有统一规划，并按此规划坚定地干下去；"一盘棋"，各区域（"块块"）、各领域（"条条"）从全局着眼，围绕所办大事形成合力；"一竿子"，保证从中央到基层政令畅通，在组织动员和贯彻执行上，一竿子插到底。

这种制度安排，政府的动员能力、行政效率和实现目标的能力，比较突出。邓小平就说过："社会主义国家有个最大的优越性，就是干一件事情，一下决心，一做出决议，就立即执行，不受牵扯。"

这种制度安排，不仅有利于办大事，就是办小事，也会有惊人的效率。

哈佛大学的格雷厄姆·艾利森教授，在一次 TED 演讲中，这样谈论中国的办事效率：

我坐在自己的办公室，偶尔会朝窗外看到横跨查尔斯河的桥，它处于哈佛的肯尼迪政府学院和商学院之间。2012 年，马萨诸塞州宣布将翻新这座桥，预计将花费两年时间。可到了 2014 年还没竣工。2015 年时，他们说要再一年，到了 2016 年他们又说未能竣工……现在，把这座桥和我上月在北京曾经路过的一座桥做对比。北京这座桥叫三元桥。2015 年时中国人决定翻新这座桥。这座桥的交通车道数是哈佛大学那座桥的两倍。中国人花了多久完成这项工程呢？你们猜花了多久？……好，三年？我们看看这段录像吧。答案是 43 小时。当然，这种事也不可能发生在纽约。

艾利森教授得出的结论是："在这执行速度的背后是以目标驱动行动的领导者，和一个干实事的政府。""大家都知道，中国在朝着目标的路上，一路走得稳扎稳打。"

中国人的结论也大体如此，如果换一种表述，那就是：问题在哪？哦，在这儿！怎么办？我们大家一起去解决它吧！

问 **你前面说，中国集中力量办好了应对新冠肺炎疫情这件大事。但也有西方舆论认为，中国能够做到那么严厉的防控措施，是因为制度不民主。**

答 这场世界性危机为有关制度的辩论，提供了助力。但应该承认，各国政府处理危机的效率和能力确实有差异。

今天回过头来看，在已经知道新冠病毒会人传人的时候，一些国家仍然显得漫不经心；有的甚至认为这场疫情只是一般的季节性流感；美国还把它政治化，民主党和共和党相互指责，说对方谈论疫情都有政治意图。

对此，西方精英当时就有所反思。写过《历史的终结》的美国学者福山说，包括美国在内的许多西方国家，错失了一两个月的时间准备。"决定应对疫情表现的关键性决定因素并不是政治体制类型，而是一个政府的能力，以及更为重要的是，人民对政府的信任。"他得出的结论是："我觉得我们必须抛弃非黑即白的简单二分法。有效的危机响应的重要分界线，并非是一边是威权国家，另一边是民主国家。"

我还注意到世界卫生组织总干事谭德塞的评价："中方行动速度之快、规模之大，世所罕见，展现出中国速度、中国规模、中国效率，这是中国制度的优势。"

问 　你引用福山和谭德塞的评论，显然是要说明，中国处理危机的行政能力和老百姓对政府的信任程度是有优势的。我觉得对于中国制度的评价，西方很难出现变化。

答 　疫情过后，人们的某些判断很可能又会恢复到往日。中国有句古话，叫"恒信者恒信，恒不信者恒不信"，就是说，相信某种制度的人，不管经历什么，都动摇不了他的信任；不相信某种制度的人，不管经历什么，也动摇不了他的不信任。危机过后，一些人会认为是民主和自由的胜利，一些人会认为是展示了果断决策和人民配合的好处。

问 　集中力量办大事，对国家发展和社会治理虽然有好处，但也有风险。如果集中力量要办的大事，不是一个好的选择，就可能把全社会的能量引到不好的方向上去。

答 　在新中国的历史上，确实出现过这样的情况。1958

年的"大跃进"运动，就是想集中力量尽快发展社会生产力。初衷虽然是好的，但违背经济社会发展的客观规律，反而遭受挫折。

正是在不断的摸索中，中国越来越明确，在集中力量办大事的时候，必须尊重科学、尊重事物的规律，而且要量力而行。

"后半程"开始了

问 中国制度的生长，现在到了什么程度？按中国的构想，是不是已经成熟？

答 中国制度的成长，是一个长期的和渐进的历史过程。邓小平1992年曾经估计："恐怕再有三十年的时间，我们才会在各方面形成一整套更加成熟、更加定型的制度。"

如今，30年就要到了。基本制度体系，在许多方面发挥出显著的作用，为现代化进程提供了制度保障。但总体上说，中国制度还没有完全成熟和定型，还不那么完备。

习近平2014年有这样一个判断："从形成更加成熟更加定型的制度看，我国社会主义实践的前半程已经走过了，前半程我们的主要历史任务是建立社会主义基本制度，并在这个基础上进行改革，现在已经有了很好的基础。"后半程要做的事，就是完善和发展中国特色社会主义制度，"提供一整套更完备、更稳定、更管用的制度体系"。

问 把制度成长划分成"前半程"和"后半程"，很有意思。从毛泽东那代人为制度奠基开始，到现在已经70多年，制度建设和改革才走完"前半程"，是不是太慢了一些？

答 中国道路还在发展，其制度形态的改革和完善当然不会完结。中国制度的成熟和定型，没有固定的参照模式，随着时代和实践的需要不断生长。

欧美主要国家的制度模式，也都经历长期的内生演进过程，才逐步定型。

英国从1640年资产阶级革命，到1688年"光荣革命"，才形成君主立宪制度。

1620年，100多名逃避宗教迫害的英国清教徒到达北美新大陆，签署的《五月花号公约》，被历史学家确认为美国历史上第一份政治性契约。美国从1775年独立战争开始，到1865年结束南北战争，它创建的不同于欧洲大陆的新型制度体系才稳定下来。在这以后，直到1965年，迫于马丁·路德·金领导的民权运动压力，美国才以立法的形式，结束美国黑人在选举权上受到的限制，结束黑人在公共设施方面遭遇到的种族隔离制度。

法国从1789年的大革命开始，经历过多次复辟和反复辟的较量，直到20世纪50年代，才确定"第五共和国"制度，时间跨度长达170年左右。

问 　中国制度的成长开启"后半程"，有什么标志性的事件？

答 　2013 年，中共召开十八届三中全会，明确把完善和发展中国特色社会主义制度，推进国家治理体系和治理能力现代化，作为改革的总目标。

过去讲得比较多的是经济、政治、社会、文化领域的具体改革目标，虽然也说要完善和发展中国特色社会主义制度，但多数情况下语焉不详。从国家制度和治理体系角度提出各个领域改革总目标，标志中国制度的成长进入了"后半程"。

只设定改革的总目标，还不行，还需要把总目标说的"现代化"落实到各个领域。2019 年，中共十九届四中全会，便提出中国共产党的领导制度、政治制度、经济制度、文化制度、社会制度、生态文明制度、军事制度、外交制度等 13 个方面在建设和改革中需要做的事情。

问 　"中国特色社会主义制度"是当代中国制度的总称，比较好理解。"国家治理体系和治理能力现代化"，解释起来可能要复杂一些，细究起来，难免有些学术研究的味道。

答 　古今中外的国家治理实践，大体告诉人们一个常识，制度常常是法律文件所规范的程序和尺度，它必须通过相应的治理体系和治理能力才能转化为制度实践。如果只有国家制度体系，而没有完备的国家治理体系，不形成高效的国家治理能力，国家制度体系就不能得到切实执行。

问 这种回答理论性很强。能不能举个例子，说明中国制度与治理实践的关系。

答 比如，过去实行高度集中的计划经济制度，体现在社会治理上，一个重要内容，就是严格实行户籍管理制度。怎样把这种制度落实到社会治理实践当中呢？主要的就是把户口划分为两类：城镇户口（非农业户口）和农村户口（农业户口）。这样的户口管理制度，逐渐形成社会治理的"二元结构"，一边是城市，一边是乡村。

拥有城镇户口的就业人员，都由其单位来管理。人们从单位领取工资，并由单位负责分配住房。大一些的单位还设立有为本单位职工服务的医院、学校、公安派出所，等等。在单位工作的人，相应地拥有干部、工人或教师等身份标识。

城镇居民，每家都有一个户口簿，载明家庭成员的姓名、出生年月及相互关系，结婚、迁移居住、购买日常生活用品等，都离不了它。城镇人口实行粮、油、肉等定量供应。每个居民每月有 30 斤左右的粮票，根据职业、年龄和性别，有些差别，从事繁重体力劳动的多一点。如果出门办事，在本地区用地方粮票可进饭馆吃饭，跨地区则必须用全国通用粮票，粮票由此被老百姓称为"第二人民币"，光有钱没有粮票是不能吃上饭的，哪怕他是国家领导人也不行。

1963 年 3 月，中国乒乓球队赴布拉格参加第 27 届世乒赛前夕，国务院总理周恩来邀请运动员到中南海家里做客。出人意料的是，周恩来邀请大家时，附了一项特别申明：吃饭的费用从他的工资里支出，但参加宴请的每个人，必须自己带上粮票来。因为政府总理每月领取的粮票，与普通城市居民是一样的，可以花钱请客，但无论如何不能花粮票请客。

在农村，社会治理和人们的生活，又是另一种样子。

拥有农村户口的人，就是农民，属人民公社的社员。人们在公社下辖的生产队从事劳动，每天挣取相应的"工分"，到年终，按工分总数，取得报酬。比较富裕的生产队，每个工分值钱一些；地处偏远的贫穷生产队，一个青壮年农民干一年，也只能分得几十元钱。农民保留有少许的自留土地，可以种些粮食作物、蔬菜瓜果，或者养殖家禽，用作日常生活的补充。

有人说，我愿意到城镇里工作和生活。如果你没有城镇户口，即使找到用工单位，也只能是临时工，待遇要比城镇居民差些。按规定，只有城里单位招收正式职工，或考取大学、中专的年轻人，部队营级以上军官的家属，才可以把农村户口转为城镇户口。

这种城乡二元治理体系，是适应高度集中的计划经济管理制度建立起来的。改革开放后，随着社会主义市场经济体制的建立，大量农民到城市就业和生活，甚至买房居住，原来那种城乡二元治理体系，开始动摇。

新时代以来，户籍制度改革力度越来越大。凭一张身份证，只要在城里办个暂住证或居住证，就可以在城市工作和生活。除北京、上海、广州、深圳等这些特大城市外，其他城市为了吸纳人才和劳动力，放宽了落户条件，有的城市甚至完全取消了限制，原属于农村户口的人迁往城市后，享受与城市原居民同等的工作和生活待遇。

由于在农村普遍建立起各种社会保障制度，现在有的地方出现了相反的情况，过去城镇户口很珍贵，现在农村户口更珍贵。在一些条件好的乡村，拥有农村户口的人并不愿意把自己的户口迁到城市，因为他舍不得自己的承包地和宅基地，那可是一笔不小的财富。

问 这么一讲，感觉社会管理制度和治理体系的变化确实很大。中国提出社会治理体系和治理能力的现代化，这当中的"现代化"是什么意思？

答 治理体系和治理能力的现代化，不像经济现代化那样有比较具体的衡量尺度。其含义，大体是通过娴熟稳妥的治理实践，把制度的优势和效能发挥出来，给人民创造更加公平正义的社会环境、创造更加平等自由的生存和发展空间。

2021年开始实施《民法典》，系统整合了长期实践形成的民事法律规范，是一部平等保护人们生命健康、财产安全、交易便利、人格尊严各方面权利的法律。它保障民事主体享有充分的自主权，但责任自负，是国家治理现代化的重要提升。

问 **为实现国家治理的现代化，将怎样继续推进制度方面的建设和改革？**

答 中国从来不否认在制度和治理方面存在不少短板和弱项。就依法治国制度体系来说，中国已经是立法大国，从数量上讲，法律比法国、德国、日本都多，基本上解决了无法可依的问题。但是，在全球200多个国家和地区排名中，中国的法治排名还比较靠后。说明建立法治国家、法治政府和法治社会，还有很多制度性的安排需要补上。

古代有个"徙木立信"的真实案例。战国时期商鞅在秦国变法，为了取信于民，派人在城里的闹市区竖立一根大木头，宣布说谁能将这根木头搬到城门，赏赐十金。这对当时的普通老百姓来说是一笔巨款，因此没人相信，大家都不去搬那根木头。商鞅就把赏赐加到五十金。有人试着把木头搬到城门，果然获得五十金的报酬。兑现诺言后，老百姓开始相信政府的制度肯定会落实，商鞅变法由此在人们心中树立起威信。

现在，社会治理成本很大，一个重要原因是诚信制度不够完备。

究其原因，有法不依、执法不严的情况还不少，一些同案不同判的现象时有发生。

2020 年 5 月我参加全国人民代表大会期间，在代表团小组讨论时，一位代表就说到当地一个涉及经济赔偿的案例。第一家司法鉴定机构的结果，需要赔偿 6000 多万元；第二家司法鉴定机构的结果，需要赔偿 3000 多万元；第三家司法鉴定机构的结果，需要赔偿 2000 多万元。这三家鉴定机构都有合法资格，相互之间也没有隶属关系，按理说鉴定结果都有效，但差别这样大，肯定是在哪个环节上出了问题。

还有，在行政体制上，有的地方政府为发展经济，在招商引资时，做出一些可能超越法律许可范围的许诺。结果等投资来了，兑现不了，当地官员如果发生变动，新上任的官员不愿打理旧事，这对企业和当地政府都是一种伤害。显然，依法行政的制度，有的需要完善，有的需要严格执行。

在社会治理上，有时候，老百姓为了办理某些事情，需要四处去开证明，甚至包括证明自己和父母的关系，就是俗话说的"要证明我妈是我妈"，让人哭笑不得。这样的事情，在三年前的国务院常务会议上讨论过，李克强总理说："我看到有家媒体报道，一个公民要出国旅游，需要填写'紧急联系人'，他写了他母亲的名字，结果有关部门要求他提供材料，证明'你妈是你妈'！""这怎么证明呢？简直是天大的笑话！"

这种情况并非个例。2020年10月，中央电视台发布一则消息，说广东惠州的一位陈先生，为了继承已故父亲的一笔存款需要办理公证，他在银行、公证处、派出所、街道居委会这些需要开证明和看证明的机构中，来回跑了七八次，历时7个多月，也没有能够拿到他父亲的存款。

这类治理方式和治理水平，离现代化的要求还有距离。

问 目前在国家制度和国家治理上，推进得比较好的改革措施有哪些？

答 中国在"后半程"制度建设道路上，并没有等待和犹豫，在许多方面，已经大刀阔斧地做了起来。比如，在监督制度方面，中共中央纪律检查委员会是党内机构，缺少国家法律赋予的行政权力，在监察工作中很难覆盖到非党员的公务员。为避免这个缺陷，设立了国家监察委员会，同中央纪委合署办公。

在政府与企业的关系上，制度和治理体制改革的力度更大，措施很具体。从 2013 年设立上海自由贸易试验区开始，便采用了"负面清单"管理制度。凡是企业不能做的事情，均以清单方式列明，不在清单之列的便可以去做。一开始，有人觉得清单过长，限制过多。这以后，负面清单逐步"瘦身"，允许企业做的事情越来越多。外商投资准入的"负面清单"就减少了许多，外国企业和资本进入中国银行、证券、电网和铁路干线等限制将逐步取消。

与"负面清单"管理制度相适应的制度改革是政府的自我限权，晾晒自己的"权力清单"。不在权力清单中的事项，不需要政府审批，各行各业依据相关的法律法规，按市场经济规律去做就是了。这样一来，政府和企业的边界将越来越清晰，政府与企业的关系将越来越规范。

问 **建立更加成熟和定型的制度体系，实现国家治理现代化，有没有一个"时间表"？**

答 有的。大体是到 2035 年，要建立起系统完备、科学规范、运行有效的制度体系。到 2050 年，全面实现现代化时，要使中国特色社会主义制度更加巩固、优越性更加充分展现。

第五章

角色——中国共产党

什么叫共产党，共产党就是自己只有一条被子，也要给穷苦人半条的人。

——徐解秀（中国农民）

我们政府的性格，你们也都摸熟了，是跟人民商量办事的，是跟工人、农民、资本家、民主党派商量办事的，可以叫它是个商量政府。

——毛泽东（中华人民共和国主席）

中国共产党的成功，主要归因于其对中国国情的深刻认识和对国家未来发展的长远规划，以及一直把实现中国人民的福祉和利益摆在前面。

——埃萨姆·谢拉夫（埃及前总理）

给"中国共产党"画个像

问 中国共产党从根本上塑造和决定了中国的形象，所以人们常说，要读懂中国，首先要读懂中国共产党。在中国，共产党到底扮演着什么样的角色？

答 在革命年代，毛泽东打过一个比喻。他说："我们共产党人好比种子，人民好比土地。我们到了一个地方，就要同那里的人民结合起来，在人民中间生根、开花。"

在今天，可再作个比喻：如果国家是一个人，那么，国民素质是他的细胞，文化、科技、教育是他的血液，经济财富是他的心脏，疆域是他的身高，人口是他的体重，国防军事是他的体力，综合国力是他的面容和气质，而国家的领导者是他的大脑。

这些复杂元素中的任何一个，都可能在历史关头发挥特殊作用。但毫无疑问，最重要的还是大脑，因为它决定着身体所有部分的成长和使用。

在人民这片土地上是"种子"，在国家体系中是"大脑"。这就是中国共产党的角色。

中国共产党来自人民，带领人民群众一起办事。它是中国最高政治领导力量，负责总揽全局、协调各方，把中国的事情办好。

问 中国共产党凭什么能够成为"种子"和"大脑"？

答 中国共产党风雨兼程100年，从58个人发展到今天的9100多万人，带领人民干了数不清的大事，从根本上改变了民族、国家和人民的面貌。

对一些事情，如果回头巡看，可能会更加明白它的道理。

中国共产党成立之前，中国政坛上具有近代政党性质的新兴社团有300多个。100多年过去了，它们都烟消云散了，唯独中国共产党把事情办成了。为什么？

我们看看当初那些选择马克思主义和社会主义信仰，来建党的人，都是一群什么样的人。

他们是一群知识分子。他们的选择不是盲从，而是慎重和严谨的。刚开始的时候，他们的主张五花八门，并不是一眼就认定了马克思主义。他们拿来当时在欧美很盛行的各种"主义"和思潮，反复比较研究，甚至还经过社会试验。不是说有更好的路摆在那里偏偏不走，非得要选择马克思主义，而是其他路都走不通了，才不得不走这条路。

他们是把"高调"唱成了"高尚"的知识分子。除极个别的外，100 年前选择马克思主义的人，大多出身于中等家境，有的甚至家境富裕，自己又有文化知识，在那个年代，经过努力，很容易跻身于社会上流，光宗耀祖。但他们舍弃了这些俗念，不是为了个人的前途和利益才来创建和参加中国共产党。他们奋斗的目标，是为了救中国，改变劳苦大众和中华民族的命运。在道德人格上，他们出发时唱的调子很高，在实践中，真的把高调唱成了高尚。

他们是一群年轻的知识分子。100 年前参加建党的人和早期党员，除极个别等同于今天的"80 后"外，基本上都是"90 后"，主体是"95 后"，还有很多"00 后"。即使在 1927 年大革命失败，中国共产党遭受严重挫折的时候，主持中央工作的，大多是 30 岁左右的年轻人，最年轻的，才 24 岁。年轻人对中国共产党精神气质的塑造带来什么影响？那就是充满朝气，富有生命力，拥有未来。

问 　**在西方，谈到"共产党"，画的像不是这样，总有些异样的感觉。**

答 　这是因为，西方对中国共产党，存在着"独裁""专制"这类先入为主的判断，仿佛它有什么"原罪"。如果抛弃定向思维，先不忙定性，只把它看成长期执政的政党

（长期执政的政党在其他国家有不少），思路是可以平展打开的，不至于一上来就妖魔化。

凡是有生命力并且能干成大事、矢志不移朝目标奋进的政党，无不是选择或强化某种政治理念或主义，来参与和领导国家政治生活的。中国共产党的信仰，源自曾经盛行于欧洲的马克思主义理论逻辑和社会理想，它搞社会主义，是很正常的选择。

当今世界，保持"共产党"这个名称，或主张以马克思主义为指导的政党，有130个左右；其中，党员人数过万的，有30多个。德国、法国、意大利以及日本这些比较大的西方国家的共产党，不仅合法，还在议会中占有席位。

因此，只是因为中国共产党属于马克思主义政党，走的是中国特色社会主义道路，就认定它有"原罪"，逻辑上说不通。

问 　**其他国家的共产党很少拥有执政地位，它们的具体主张和中国共产党也未必一样。**

答 　没有执政地位的共产党，也是共产党，是选择和信奉它们理解的马克思主义的产物。在西方国家，共产党只被少数人选择，社会基础不大，但仍然合理、合法、合情。

而被中国绝大多数人选择、有广泛深厚社会基础的共产党，为什么非得用异样的眼光来挑剔它呢？

中国共产党和其他国家的共产党，当然有不同的理念和行动。各国的政党，无不是立足于自己国家的国情、历史和文化，来参与国家政治生活的。搞社会主义，虽然是多数共产党的共识，但对社会主义的理解和实践可谓千差万别。

中国共产党实现马克思主义中国化、时代化，自身不拥有与时俱进的品格和能力，是不可能的。它领导中国推进现代化，自身不实现现代化，也是不可能的。

中国共产党在现代化的路上跑得很快，如果站在时代的后面来给它画像，那么它留给你的永远只是一个背影，那可能就永远也读不懂了。

问 **问题是，在中国制度的安排中，中国共产党不仅要长期执政，而且是领导一切的最高政治力量，拥有不可动摇的权力和地位。西方对这样的安排不理解。为什么会这样？**

答 这要从中国的政党制度说起。

中华民国建立初期，具有现代政党性质的团体有很多，一些政党还进入了议会。人们真的以为，实行多党制，国家就会实现民主。当时最先进的政党，是孙中山、宋教仁领导的国民党，他们在第一届国会参、众两院的选举中获得大胜。当宋教仁信心满怀从上海到北京出任内阁总理时，在车站被刺杀身亡。担任临时总统的袁世凯从此摒弃政党政治，解散了国会。这个头一开，"子弹"就成了政党政治的唯一"选票"。

做了几天皇帝的袁世凯去世后，恢复了国会，但进入其中的各个政党基本上都是摆设。担任总统或总理的人，不是明目张胆地拿钱贿赂议员，就是明目张胆地派军队进入国会，用枪逼迫议员投票。手里没有枪杆子的政党，犹如被深埋在政治土壤下面的种子，始终出不了头、发不了芽，产生不了影响。

1928 年，国民党在中国共产党此前的协助下，通过北伐战争，打下了天下。它反过来追杀帮助过它的朋友，迫使中国共产党在广大的农村另起炉灶，建立革命政权。

在中国，若想一党执政，有一个先决条件，就是代表绝大多数的人民，为人民办事，受到人民拥护。然而，一党执政的国民党，多数党员已经失去先前的信仰和抱负，蜕化到人民的对立面了。

这一点，连国民党的最高领导人蒋介石，也是承认的。他在 1932 年 9 月 1 日的日记中感慨："旧党员多皆腐败无能，新党员多恶劣浮嚣，而非党员则接近不易，考察更难。"国民党里似乎已经没有什么好人。这年 12 月 16 日的日记，说得更厉害："本党老党员之腐败，卖老、害事，如不更张，则必亡国也。"

与掌握中央政权的国民党不同，中国共产党在自己创建的根据地里，把土地分给穷人，还把农民组织起来，更加有效地从事生产活动，让普通人成为自己这片土地上的主人，建立的政权，称为"苏维埃政府"，就是工农兵政府。虽然经济很落后，政府依然建立专门的社会救助机构，负责救助和安置因战争和灾荒产生的难民；对所有的小孩都实行免费教育，开展成人教育，扫除文盲，人人享有平等接受教育的权利；解放妇女，让女人同男人一样有劳动和选举的权利。

1934 年 11 月 6 日，中国共产党领导的红军长征，途经湖南汝城县的沙洲村。有三位女红军，住进村里妇女徐解秀家里。晚上，她们四人合盖一块烂棉絮和一条红军的被子睡觉。第二天告别时，三位女红军把仅有的一条被子剪下一半，送给了徐解秀。50 年后，一位记者到沙洲村采访，已经 80 多岁的徐解秀对他谈起此事说："什么叫共产党，共产党就是自己只有一条被子，也要给穷苦人半条的人。"

中国共产党和人民建立起比任何其他政党都要亲密的关系。共产党这颗"种子"，在人民这片土壤的培育下，让自己的信念和理想生根开花了。

中国共产党把自己的宗旨，即做事情的目的，归结为今天许多政党都不陌生的一句话——"为人民服务"。它决心成为这样一个角色：走在前面带头为大家的事情奋斗奉献。人民大众看你还不错，真是为他们着想，于是就愿意和你一起去干事，这样，跟着它干事的人就越来越多，许多大事就办成了。

为了保持自己的纯洁，中国共产党还对自己的党员进行了"整风"。所谓"整风"，就是每个党员都要在一定的范围内，说清楚自己的经历和自己的缺点不足，接受大家的批评教育，然后修正错误，坚持真理。整风，让中国共产党的成员来了一次"精神涅槃"，用西方的话来说，是一次"精神洗礼"，思想境界和行动能力获得空前进步。

经过"洗礼"，一个古老的寓言故事，在所有中国共产党人中开始流传，那是毛泽东讲给他们听的。

古代有一位老人，住在华北，名叫愚公。他的家门南面有两座大山挡住他家的出路，一座叫作太行山，一座叫作王屋山。愚公下决心率领他的儿子们要用锄头挖去这两座大山。有个叫智叟的老头儿看了发笑，说你们这样干未免太愚蠢了，你们一家人要挖掉这样两座大山是完全不可能的。愚公回答说：我死了以后有我的儿子，儿子死了，又有孙子，子子孙孙是没有穷尽的。这两座山虽然很高，却是不会再增高了，挖一点就会少一点，总有一天会被挖平的。于是，愚公不受智叟思想的影响，毫不动摇，每天挖山不止。这件事感动了上帝，他就派了两个神仙下凡，把两座山背走了。

中国共产党的队伍，就是由这类"愚公"组成的。这是毛泽东为中国共产党画的一幅像。那么，最终帮助愚公把两座大山背走的那个"上帝",又是谁呢?毛泽东说,是人民大众,人民就是上帝。"愚公"挖山不止的壮举,感动了人民大众,使他们心甘情愿和中国共产党人一起奋斗。

这就是中国共产党人的形象。为人民挖"大山"、打"江山",同样也是靠人民挖"大山"、打"江山"。1948年中国共产党和国民党之间的淮海大决战,中共军队60万人,国民党军队80万人,最终是60万干掉了80万。靠什么?中国共产党在自己的后方,组织了543万民工支援前线的战争,每一个前线官兵的身后,竟然有9个民工帮忙。

这就是中国共产党一路走来的历史本质,一路走来锤炼出来的人格气质。这样的政党,有什么事情不能办成功呢?

这种气势,一直让国民党感受到很大的压力。1945年,蒋介石读到中共七大通过的《党章》,把其中两节完整地抄在日记本里,一节是《党员与群众》,一节是《上级与下级》。他认为这两节写得太好了,"读了得益匪浅,本党必须要奋起急追,否则消亡无日"。

1947年9月,蒋介石在国民党六届四中全会上说:现在共产党力量增强,"大半是由于他这个整风运动而发生的"。整风运动使中国共产党人养成"科学的精神和科学的办事方法","运用于组织、宣传、训练与作战","逐渐打破其过去空疏迂阔的形式主义,使一般干部养成了

注重客观，实事求是的精神"。这可以说是共产党训练的
"最大成功"。

或许，这是蒋介石内心深处为中国共产党画的一
幅像。

由于国民党的代表力、组织力和领导力都很弱，不仅
没有在中国产生苏联那样的在"党国体制"下实现工业化
的优点，反倒是放大了苏联"党国体制"的缺点。比如，
它不愿意也不敢容纳其他政党参与国家政治生活。按理
说，1945 年抗日战争胜利后是个机会，但国民党不仅在
国家政治生活中排斥了中国共产党，还排斥了属于中间力
量的其他政党，终于成为孤家寡人而失去政权。就像蒋介
石曾经担忧的那样，国民党在中国大陆真的"消亡"了。

一心要移山的"愚公"，把支持自己的人搞得越来越
多，把反对自己的人搞得越来越少。抗日战争前后成立
的，在国民党和共产党之外，代表中间政治势力的其他政
党，包括那些没有参加任何政党的民主人士，后来都选择
跟中国共产党走。

一走，就走到今天。

何以执政？

问   **你梳理这段历史，是要说明中国共产党成为执政党的必然性和合法性。但疑问在于，搞多党制过去不行，在成为执政党以后是可以的，没必要去搞一党专政。**

答   中国搞的不是一党专政，而是一党执政、多党参政。

新中国成立时，除了中国共产党外，还有十来个代表民族资产阶级、小资产阶级的政党，其中包括国民党内愿意跟着中国共产党走的人组建的政党，统称为民主党派。

新中国成立后，一些民主党派觉得自己的奋斗目标已经实现，没有必要存在了，决定解散，中国共产党劝阻了它们。有个政党叫中国人民救国会，1949 年 12 月自行解散，毛泽东访问苏联回来后听说此事，觉得可惜，认为不应该解散。

早在革命年代反对国民党一党专政的时候，各民主党派就选择跟着中国共产党走了。新中国是近代以后"国将不国"的情况下，中国共产党领导各民主党派和全国人民在革命胜利后，自然形成的党领导国家的政治制度。

毛泽东在新中国成立前发表《论人民民主专政》，专门解释党和国家的关系。他说：我们要建立的是"共产党领导的人民民主专政的国家"。

从程序上讲，中国共产党成为国家的最高政治领导力量，不是自封的，是1949年筹备新中国时，参加第一届中国人民政治协商会议的662名代表共同商议的结果。

1949年9月13日，一份庞大冗长的名单送到了毛泽东的案头。这本厚厚的表册上详细标明了参加政协第一届全体会议的662名代表人选，涵盖了方方面面的人物。看着看着，毛泽东发出历史感慨："这真是一部天书。"

要读懂这部"天书"很不容易，一旦读懂了，就会发现历史的秘密。

参加建国筹备会议的662名代表，来自45个党派、团体、区域和界别。其中，有孙中山先生的夫人宋庆龄、有1898年参加清王朝政府维新变法运动的张元济、有1911年引发武昌起义的四川保路运动领导人张澜，更有许多国民党的元老和将军，包括民国时期有代表性的政治家、企业家、军事家、教育家和文化人。

资历最深的历史名人，要算年届92岁的洋务运动代表人物，以北洋水师副将之职参加过1894年中日海战的萨镇冰。因年事太高，他不便亲赴北平参会，却也赋诗明志："群英建国共乘时，此日功成举世知。"

参加建国筹备会议的"群英"中，还有工人代表赵占魁、"子弟兵母亲"戎冠秀、战斗英雄卫小堂、模范农民王德彪、纱厂女工汤桂芬、女医务人员李兰丁，等等。

各色人等，挟带近代历史上的各种诉求，来参加一场"历史的约会"。这场约会，事实上是一首各种音符一起跳动的史诗交响乐曲。

大家一起讨论建立一个什么样的国家，在其他议题上，或有不同观点和主张，但在接受中国共产党领导这个问题上，没有任何异议。

问 怎样解释这些民主党派和中国共产党的关系？

答 看懂中华人民共和国的国旗就会明白。国旗上面有 5 颗星，中间的那颗大一些，代表中国共产党，其他 4 颗星分别代表工人阶级、农民阶级、小资产阶级、民族资产阶级。当时的民主党派，主要是从后面两个阶级中产生的。4 颗星各有一尖正对着大星的中心点，象征着中国人民大团结。今天的民主党派有 8 个，还有一个叫"中国工商业联合会"的组织，是由民营企业家们成立的，事实上也拥有党派的地位。它们都属于中国的参政党。

一党执政，是否合理、是否稳定、是否持久，既由这个政党和人民的关系来决定，也和这个政党的历史有关。

为建立人民当家做主的新国家，中国共产党领导人民，在 28 年间，几经曲折，经历了太多的腥风血雨。牺牲了多少人？有名有姓的烈士，就达到 370 多万，在前行途中倒下而没有留下姓名的烈士，几倍于此。就算是 370 多万，28 年一共是 1 万多天，意味着每天都有 300 多位烈士牺牲，而且连续 28 年如此。世界上可有这样的政党？

革命年代的幸存者又如何？他们伤痕累累。10 位开国元帅，有 7 位受过重伤，其中刘伯承元帅 9 次受伤，身上有 10 块弹片。10 位开国大将，有 7 位受过重伤，受伤最多的是徐海东大将，身上有 20 块弹片；粟裕大将去世后火化，在他的头颅骨里还发现 3 块弹片，他后半生一直遭受着这 3 块弹片的痛苦折磨。在开国将军中，有 10 个是"断臂将军"，有两个是"独腿将军"。世界上可有这样的"创业团队"？

为了一个新国家的诞生，付出这么大的代价，人们怎么会不珍惜和尊重来之不易的政权呢？

一般说来，进行革命和争取权力的斗争，越持久、越激烈、越曲折，意识形态的信仰也就越深刻，政党的凝聚力和影响力也就越深厚，自身与时俱进的品格和适应能力也就越杰出，随后建立一党执政制度就越有可能、越合理、越稳定。

那些斗争时间短、获取政权的经历比较顺利的政党，在执政后若想建立一党执政的制度，是很难的。即使建立起来，也不会很牢固。

问 　　假如，我说的是假如，干脆来一个彻底变革，允许不同政党通过选举轮流执政，会出现什么情况？

答 　　这个问题，在中国人看来提得很特别。当然，你说的是"假如"，即使按"假如"的逻辑，也不难回答。

　　中国共产党有 9100 多万党员、400 多万个基层组织，中国的精英，或者说有政治信仰并且能干的人，大多参加了中国共产党。任何一种政治势力，都不可能与这个政党竞争。更重要的是，它奉行为人民谋幸福、为民族谋复兴的初心使命，是任何一个想要竞争的政治势力都难以切实做到的。

　　中国有 34 个省级行政区划（包括 23 个省、5 个自治区、4 个直辖市、2 个特别行政区），有 56 个民族，还有不同的宗教、不同的社会利益群体。可以想象，"假如"每一个省（区市）、每一个民族、每一类人数较多的利益群体，甚至每一种宗教，都建立一个或两个政党，那还不一下子跑出来上百个政党。

　　不要以为这些政党都是无来由地跑出来，它们会争取相应的利益和权益。也不要以为利益和权益之争只会以选举和争吵的方式进行。"假如"它们互相拆台，鼓吹仇恨，会发生什么事情？中国还是不是一个统一的国家？还有没有发展的机会？结果不言而喻。

　　中国有若干邻国，情况很复杂。"假如"缺少中国共产党这样强有力的执政党，中央政府失去对边界地区的控制，国内的矛盾很可能就会转化为同其他国家的矛盾，或者反过来，外国势力利用中国内部的矛盾来干预乃至支配某些政党，那中国和世界可能就没有宁日了。

这不是危言耸听。

问 **发展中的大国搞多党制的很多，比如印度。**

答 印度是一个伟大的国家。西方把印度称为世界上最大的民主国家，因为它的人口规模仅次于中国，还实行了多党轮流执政。但中国人不会因为自己的政党制度与印度不同，就没有底气。中国共产党 1949 年创建新中国时，经济发展落后于印度，如今走在了前面。是否有利于国家和民族的进步，是否有利于现代化，在中国，关键不在于是否实行多党轮流执政。

退一步讲，真的搞多党轮流执政，西方世界就会认同中国是民主国家吗？苏联共产党放弃自己的领导地位后，苏联迅速解体，随后的俄罗斯，搞的可是多党制呢，但以美国为首的西方国家，仍然不认同它，甚至敌视它，不仅打压它的战略空间，还实行经济制裁。

道理很简单，因为俄罗斯依然是一个统一的大国，不管你实行什么制度，在西方看来似乎都是一种威胁。俄罗斯人很清楚这一点，所以他们选择普京这样的强势领导人及其政党，一直到今天。

我们在前面讨论中国人最不想要和最想要的三大诉求时，为什么把摆脱混乱无序，追求统一稳定放在第一个？根本原因是，它是实现现代化和中华民族伟大复兴的前提。按你说的"假如"，中国将失去这个前提，一切都将无从谈起。

在民主的平台上

问 一切都由中国共产党来领导和决策，国家的政治生活怎样体现民主？

答 民主是一种高尚的价值观，中国从不拒绝，它在中国的政治生活中，也没有缺席。新时代中国倡导的核心价值观里，便有民主、文明、和谐、自由、平等、公正这样一些内容。中国道路的政治内涵，就是"建设社会主义民主政治"。

对执政党来说，搞民主政治最根本的要求是依宪治国、依法治国。中国共产党的《党章》，特别作出一项规定："党必须在宪法和法律的范围内活动。"意思是，党的主张要通过法定程序才能成为国家意志。

新中国成立时，中国共产党便真诚地搭建起了民主政治的平台。

当时，周恩来负责起草起临时宪法作用的《共同纲领》。在草案中，他说我们的国家叫"中华人民民主共和国"。但是，其他党派的代表不赞成国名中有"民主"二字，说"共和"就是民主的意思，再说哪有人民的国家而不民主的呢？于是，新中国的名称改称为"中华人民共和国"。

马上又遇到一个问题。"中华人民共和国"和此前的"中华民国"是什么关系，是否还涵盖国民党统治的台湾？周恩来等人主张把国名全称写成"中华人民共和国（中华民国）"，为此专门召集各个民主党派的负责人讨论。司徒美堂，一位参加过辛亥革命和创建中华民国的老人，出来反对。他的意思是，中华民国本来是个好国名，但已经被中国国民党和蒋介石搞得名声很臭，为什么不光明正大地使用"中华人民共和国"呢？同样可以涵盖今天的台湾。许多国民党元老都表示同意。最后，在国名中去掉了"（中华民国）"。

关于国旗，新政协会议向全国征稿，发动大家提供图样。中共元老朱德总司令也画了一幅图样，寄给国旗征集小组。大家选来选去，选中的却是上海一位市民寄来的图样。

在中国共产党的领导下，这些重大的政治议题，不同党派之间民主协商，并没有争得你死我活、拳脚相加，问题还是解决了。

问 这是中国共产党 70 多年前搭建民主平台的事情。今天的中国人，又是怎样理解和感受宽松民主气氛的呢？

答 那就讲讲今天中国的年轻人吧。

有个叫"豆瓣"的互联网社区，以 20 岁至 35 岁的人为主体，实际上是年轻人表达主张，讨论或抱怨生活遭遇，获得心灵认同和价值观共识的意见平台。

"豆瓣"的互联网社区，有 5000 多个不同话题的讨论区，自称"豆瓣小组"。这 5000 多个"豆瓣小组"可分成 27 大类，每个大类都有上百万名成员。"豆瓣小组"讨论的内容，涉及租房、婚恋、旅行、报考研究生、吵架、做饭、求职、时尚、养宠物、购买打折机票，等等。

在"豆瓣小组"，年轻人不仅研习各种"学问"，还创造"学问"，比如探讨怎么糊弄别人的"糊弄学"、专门记录各种梦境的"记梦器"、交流租房经验的"租房小组"、分享理财经验的"抠门女性联合会"。话题新鲜、实用、风趣。许多人在做离婚、调换工作等人生重大抉择前，都会在小组里询问"豆友"的意见。有的人甚至连拔不拔智齿，都是在"豆瓣小组"里问完大家的意见才作出决定的。

"豆瓣小组"成员当然也会抱怨一些不顺心的事情，但个性化的诉求，毕竟越来越有渠道表达和争取。

问 看起来，年轻人在自己的生活中似乎拥有自己的意见平台。它与民主有什么关系？

答 英国《星期日泰晤士报》2020年10月25日发表了一篇题为《谁需要民主？中国4亿"千禧一代"更关注苹果手机》的文章。里面说，当美国总统选举辩论双方都就中国话题放狠话的时候，迅速成长起来的中国"千禧一代"，"越发自信、有主见"。这一代的许多人，"并没有表现出在政治自由上的不开心。事实上，对一些人来说，美国打出的民主牌显然不如中国共产党带来的稳定更具吸引力"。"30岁的中国人出生以来经历了人均GDP高达32倍的增长，而30岁的美国人只经历了3倍增长。"

这篇文章的作者，还引用他采访的一些中国人的观点说："中国人对美国选举政治如此混乱和粗鄙感到困惑。在很大程度上，这标志着中国人感到西方民主制度不好，也标志着中国人真的相信美国制度是有缺陷的。""外人可能会觉得我们这代人被洗脑了。其实不是，我们出国旅游、留学，了解外面的世界，为自己国家和我们取得的成就感到自豪。经历了疫情，我们现在当然觉得中国制度运作得更好。我们感到安全放心。"

问 　　西方国家对中国共产党印象不好，还有一个原因，是认为中国共产党全盘照搬了苏联共产党领导国家的做法。

答 　　新中国成立时，学习苏联的制度模式主要在如何治国理政方面。在政党制度上却有很大区别。

　　革命过程中，苏联的口号是消灭富农，消灭资本家，中国共产党没有这样做。苏联除了共产党外，没有其他政党，也没有资产阶级的代表人物参加国家政权。斯大林1936年在关于宪法草案的报告中，直截了当地宣称，苏联只能存在一个党，这个党必须是且只能是共产党。

　　中国的做法恰恰相反。新中国成立时，在中央人民政府6位副主席中，有3位共产党人、3位其他政党人士；4位政务院副总理中，有2位其他政党人士；21位政务委员中，非共产党人士有9位；105个部长和副部长职位中，非共产党人占了49位。各省的政府机构，也大致是这样的比例。

问 　　在具体政策讨论中，这些被称为民主党派的参政者，怎样发挥作用？

答 　　担任国务院总理的共产党人周恩来，1952年6月19日在中国共产党内部的一个高层会议上说了这样一段话：

在政务会议上，常常有一些资产阶级的代表人物反映资产阶级的思想。

为什么政务会议每个星期要开一次呢？难道我也是闲着没事干，高兴每个星期开一次会吗？不是的。这是有好处的。

在那样的会议上有的是不同的意见，有资产阶级的话，有开明士绅的话，也有小资产阶级的话；有正确的，也有错误的。我们听到这些话就能够启发思想。毛泽东同志常常讲"兼听则明，偏信则暗"，正是这样一个道理。我们管理着这样大的一个国家，就要注意听取各种意见。

毛泽东1956年对资产阶级工商业人士说："我们政府的性格，你们也都摸熟了，是跟人民商量办事的，是跟工人、农民、资本家、民主党派商量办事的，可以叫它是个商量政府。"

前面说过，在中国基本政治制度中，有一块"基石"，叫"中国共产党领导的多党合作、民主协商制度"。中国共产党治国理政的重大决策正式出台前，都要向民主党派和工商联通报，征求他们的意见。

还有一个更大规模、更高权威的政治平台，叫"中国人民政治协商会议"。从中央一直到县，都有这个组织，简称"人民政协"。这个机构的职能是政治协商、民主监督、参政议政。参加政协的人，叫政协委员。政协全国委员会的委员，来自 34 个界别，包括各民主党派、无党派人士、工商联、各少数民族、各个宗教团体、各行业领域、各个界别。

各级人民政协和各级人民代表大会一样，每年都要开会，提出许许多多的提案和议案，交由各级政府相关部门落实办理，办完后还必须给政协委员回复：是怎么办的？一时办不了的，原因在哪里？

问 　选举和票决，是最普遍实行的民主制度。中国共产党一党执政的领导角色不被西方理解，可能是因为它妨碍了人们的自由选举。

答 　在中国，确实看不到西方那样的相互攻击得轰轰烈烈、你死我活的选举，但不能说中国缺少民主选举和票决政治。中国共产党中央委员会的选举、党和国家领导人的选举、各级人民代表的选举、各级人民代表大会决定重大事项和重要人事任命，实行的都是票决制。

如果要较真，一人一票的选举也不像宣传的那样让人信服。比如，美国总统选举，虽然是一人一票，但却是选举人团的间接选举，采用的是赢者通吃法则，这对人口相对较少的州是有利的。由此出现败选一方实际得票比胜选一方还要多的情况。美国一些政治家也觉得这不太合理，认为如果能够推倒重新来设计，绝不会采取这种制度。但是，要推倒重来，谈何容易。制度一旦设定和实施，虽有瑕疵，人们依然认为它是合理的，似乎也不在意是否真的落实了"一人一票"的民主初衷。

更重要的是，如果人民只有在投票时被唤醒、投票后就进入休眠期，只有竞选时聆听天花乱坠的口号、竞选后就毫无发言权，只有拉票时受宠、选举后就被冷落，这样的民主不是真正的民主。

一人一票不是具有道德合法性的唯一民主途径。它不能代替其他民主途径，只有和其他民主途径结合起来，才会搭建起良好的民主平台。

中国共产党领导搭建的民主平台，是票决民主加协商民主。就是说，在表决通过重大决策前，设置了一个多党参政议政、社会各界民主协商的程序，大家反复讨论，找到全社会意见的最大公约数。这样的民主，可以使重大决策代表人民的根本利益和长远利益。这是人民民主的真谛。

除了票决民主和协商民主，还有民主管理、民主决策、民主监督这样一些平台。它们一样重要，一样关键。如果票决选举时有民主，票决选举后没有民主，这样的民主令人生疑。

为此，中国把自己的民主，称作"全过程人民民主"。其意思是，过程民主和成果民主、程序民主和实质民主、直接民主和间接民主、人民民主和国家意志，是统一的，追求和实现的，是全链条、全方位、全覆盖的民主。

中国人不把民主当作用来摆设的装饰品，而是用它来解决人民需要解决的问题，用它来实现人民对执政党、对政府的监督权力。一个国家民主不民主，要看人民有没有投票权，更要看人民有没有广泛参与权；要看人民在选举过程中得到了什么样的口头许诺，更要看选举后这些承诺实现了多少；要看制度和法律规定了什么样的政治程序和政治规则，更要看这些制度和法律是不是真正得到了执行；要看权力运行规则和程序是否民主，更要看权力是否真正受到人民监督和制约。

中国共产党的领导，加上广泛而扎实的民主平台，可以增强政治执行力，避免许多事情议而不决，避免想干的事、能干的事干不起来；让抓住机遇才能干成的事，能够干起来；避免国家利益和人民利益被特殊利益集团操控；避免国家大政方针变来变去，长期的发展战略难以实施。

代表谁？

问   **任何一个政党和政治集团，都有自己明确而特殊的诉求，因为它们各自代表相应社会群体的利益。中国有代表小资产阶级和民族资产阶级的多个民主党派。如果是这样，那么问题来了：中国共产党的具体代表性又在哪里呢？**

答   这个问题提得好。中国共产党一路走来，总是不忘问自己：我是谁，我代表谁。

中国共产党的特别之处，恰恰在于它从来没有自己的特殊利益要去争取。毛泽东说得很明确，"共产党是为民族、为人民谋利益的政党，它本身决无私利可图"。

人们会觉得奇怪，没有自己的利益，为什么要组建政党拼命干事？实际上，中国共产党是别具一格的使命型政党。马克思一开始就讲，无产阶级的使命是解放全人类。因此，中国共产党不仅是无产阶级先锋队，也是中国人民和中华民族先锋队。它的初心和使命在今天的表达是：为中国人民谋幸福，为中华民族谋复兴，为世界谋大同。

中国共产党一直有一个叫"统战部"的工作部门。局外人一听"统战"两个字，便有些疑惑和排斥。其实，中国共产党的统一战线工作，就是团结、争取自身的阶级基础以外的各种政治力量。这是中国共产党能够成功的一个法宝，也是它扩大社会基础，体现更广泛代表性的途径。

问　西方国家的一些政党极端化现象越来越明显，把自己的代表性推向极端和偏狭，包容性少了，相当程度上削弱了政党的吸引力。过去，在选举中，一个国家各主要政党的覆盖率加起来，可以达到70%—80%，如果抛出有社会动员力的话题，甚至能吸引90%的选民投票。如今，有的国家相互竞争的两个主要政党的全部选票加起来，常常只达到全部选民的50%—60%。政党的代表性碎片化现象严重。

这样一对比，中国共产党说要代表全体人民和整个中华民族的利益，在西方看来，是件不可思议也很难做到的事情。

答　对西方政党的代表性，中国人也有些疑问。在竞选中，政党领袖以51%的选票当选总统，意味着有49%的选票不同意他。他上台执政后，要做的事情和兑现的承诺，首先要符合选他上台的51%选民的利益。另外49%的选民的利益怎么实现，他们的心理感受会怎样？

美国建国后不久，法国的托克维尔实地考察美国政治，写了《论美国的民主》一书，发出"多数人暴政"的担忧。如今，西方出现社会撕裂，社会撕裂又促使政党极端化，政党极端化的结果是使代表性大打折扣。

更糟糕的情况是，由于分歧越来越大，过去那种赢了中间派就赢了选举的政治传统开始动摇。有些参选人已经不大愿意尝试去获得那些中间选民的认可，若想在选举中获胜，需要坚决地迎合自己的支持者，而不是浪费时间去吸引新的中间派选票。这种做法意味着，选民中有些人已经无关紧要。这就导致通过选举上台的人决策时，难免一意孤行。

这要是在中国，不说有49%的选举人群，就是有10%的人不同意中国共产党的政策，那也属于动摇执政地位的惊天大事。

问 **在西方有这样一种说法，中国共产党是一个奇怪的政党，常常考虑100年的事情。在西方国家，一个政党上台后，考虑的长远事情，就是如何赢得下一届选举。**

答 这是长期执政和短期执政的区别所在。

问 中国共产党代表人民利益，但人民是分成不同利益群体的，有多样化的诉求和期待。这时候，中国共产党怎么办？怎样去代表不同的利益群体？

答 你说的这种情况，在 1978 年改革开放前实行计划经济体制的时候，相对好办一些。如今经过 40 多年改革开放，容易的、皆大欢喜的普惠式改革已经完成了，好吃的肉都吃掉了，剩下的都是难啃的硬骨头。对很多人而言，改革如能受益则容易接受，没有好处就会淡漠旁观，如果利益受损，一般都会反对。

当今中国社会，事实上出现了利益分化和利益固化的情况。所谓利益分化，是指社会群层的分化导致诉求多样化；所谓利益固化，是指一些群体获得和维护他们的利益，出现相对固定的方式和渠道。

担负领导角色的中国共产党，面对利益多元化趋势这道难题，好比越剧《西厢记》里的一段唱词："做天难做四月天，蚕要暖和参要寒。种菜哥哥要落雨，采桑娘子要晴干。"确实众口难调。

怎么办？中国共产党的做法很明确，就是通过制定和实施相应的政策，来打破利益固化的藩篱，调整利益分化的格局，从而去代表绝大多数人民的利益。

怎样制定政策，有两条原则，一个是"牵牛鼻子抓重点"，一个是"统筹兼顾各方利益"。

问 这种中国化表达，人们不太理解。

答 所谓"牵牛鼻子抓重点"，就是抓住人民群众反映很大的关键事情来做，从而带动全局发生变化。就像拉动一头牛，只有把绳子系在它的鼻孔里，它才会跟你走；如果系在牛的其他部位，牛劲比你还大，是拉不动的。前面讨论的中国花那么大的力气打"扶贫攻坚战"，就属于"牵牛鼻子抓重点"。

问 扶贫是代表弱势群体的利益，这对执政党来说，是天然的义务。但在多样化的群层中，就有西方说的中产阶级，即中国不断扩大的中等收入群体，还有收入偏上的一些新阶层，比如私营企业主等。他们大多是在公有制经济之外发展起来的。面对他们的诉求，中国共产党怎么办？

答 办法就是"统筹兼顾各方利益"，体现中国共产党广泛的代表性。

非公有制经济在中国主要是指民营经济。现在有将近1亿家民营企业和个体工商户，它们机制灵活、贴近市场，抓住创新创业、转型升级的机遇发展了自己，同时也为经济社会发展作出重大贡献。它们贡献着中国50%以上的税收、60% 以上的国内生产总值、70% 以上的技术创新成果、80% 以上的就业人口、90% 以上的企业数量，撑起的何止是国民经济的"半壁江山"。

2017 年 10 月，改革开放后中国大陆第一代民营企业家代表性人物鲁冠球去世了。在最后的时光，他对接班的儿子说："这辈子我够了。"意思是他对自己的一生是满足的。

鲁冠球的人生足够精彩。1984 年，他把自己创办的万向企业生产的万向节卖到了美国。10 年后，又在美国成立了公司，不出几年销售额便达到 20 亿美元。如今，美国的三辆汽车中，就有一辆车上有万向集团生产的零部件。这也使得鲁冠球成为中国政府访美经贸团的常客，曾创造四年三度随国家领导人出访的纪录。

民营企业的发展势头，民营企业家的精彩人生，说明了中国共产党和民营企业家的关系。没有企业家们的奋斗创新，民营经济发展不起来；如果中国共产党的政策不代表他们、不支持他们，民营经济也很难发展起来。

这几年，由于内外市场环境发生变化，债务压力陡增而融资支持偏弱，使民营企业的日子很不好过。为此，中共中央总书记习近平在 2018 年 11 月专门同一些有代表性的民营企业家坐在一起，开了一个座谈会。他明确提出 6 条具体举措来帮助民营经济克服困难，还说，"民营企业和民营企业家是我们自己人"，民营经济"只能壮大、不能弱化"。

问 民营经济的蓬勃发展，难道没有危及中国共产党的执政基础和社会主义制度？

答 中国的基本经济制度，本来就有多种所有制共同发展、多种分配方式并存、建立和完善社会主义市场经济体制这样一些规定。这是毫不动摇地鼓励支持引导非公有制经济发展的制度依据。

问 也就是说，民营企业家也属于接受中国共产党领导的"人民"？

答 当然。民营企业家是中国特色社会主义的建设者，属于人民的政治范畴。有的民营企业家创业时，本身还是中共党员。根据党章规定，他们依然保留着党员的政治身份。

2002 年中共召开第十六次全国代表大会的时候，有一个叫蒋锡培的拥有 12 亿元资产的民营企业家，成为以"民营企业主"身份填表登记的当选代表。2018 年庆祝改革开放 40 周年的时候，也有好些民营企业家，因为对改革开放作出杰出贡献而受到中央表彰。

2021 年，习近平回顾历史，说了一句名言："江山就是人民，人民就是江山。"担负国家领导角色的中国共产党，为实现初心和使命，很重要的方式就是通过制定和实施正确的政策，把不同群体的人民组织起来，在正确的时间、正确的地点，做正确的事情，维护好、发展好人民的利益。

治国之道

问 你前面谈到，中国共产党是最高政治领导力量。它用什么方式领导中国？

答 第一，是引领中国的政治方向，比如探索提出中国道路，带领人民坚持和发展这条实现民族复兴的必由之路。第二，统领政府、人大这样一些权力机构，在这些部门，都设有党的组织，以保证权力运行过程体现党的领导。第三，负责制定各种重大决策并领导实施，比如制定和实施国家经济社会发展规划。中国共产党治国理政的内容和方式还有很多。

问 在中国的政治语言中，经常出现"中央"这一概念，通常是在什么语境下使用这个概念？

答 通常情况下，"中央"是指中国共产党中央委员会，简称"中共中央"。中央委员会是党内最高领导机关，其成员是领导中国的政治家集团。它由每 5 年召开一次的党的全国代表大会按得票多少，差额选举产生。2017 年选出的第十九届中央委员会，有 204 名委员、172 名候补委员，基本上都拥有大学或研究生学历。

问 是否可以说，中国共产党治国理政，似乎就是党的中央委员会治国理政。

答 大体上是这个意思。中央委员会每年都要召开全体会议，简称"中央全会"。每次全会都要讨论一个专题，诸如改革开放、经济社会发展、党内政治生活、文化建设、国家制度建设等，大多也会通过一项相应的决定、决议或建议，成为治国理政的大政方针。

比如，中国共产党每 5 年都要召开一次中央全会，专门讨论通过一项"国民经济和社会发展五年规划建议"。制定五年规划，从一个侧面反映中国共产党领导国家建设的方式。

从 1953 年至今，中国共产党已经制定了 14 个"五年规划"，大体经历了三个阶段，从中反映出中国共产党治国理政能力不断提升的过程。

第一个阶段，是在计划经济体制下制定的 5 个"五年计划"。这些计划主要采取指令性的管理方式，层层分解下达到地方和企业。这5个"五年计划"的实施，基本形成独立的比较完整的工业体系和国民经济体系。

第二个阶段，是计划经济体制向社会主义市场经济体制转变过程中，制定的4个"五年计划"。此前的计划，主要是经济建设，从第5个"五年计划"开始，增设了社会发展的内容。计划的执行方式，也从行政指令性安排和政府直接配置资源，逐步向符合市场经济规律的宏观经济管理转变。这4个"五年计划"的实施，初步建立起社会主义市场经济体制的基本框架。

第三个阶段，是进入21世纪后制定的5个"五年规划"。其间，中国共产党对执政规律和社会主义建设规律的认识不断深化，并且把名称从"计划"改为了"规划"。这些规划的实施，实现了全面建成小康社会的战略目标。

问 **中国共产党依据什么制定"五年规划"的建议？**

答 中国每10年都要做一次人口普查，每年做一次经济社会调查，意在为政策调整提供依据。每当制定新的"五年规划"时，还要做更深入和普遍的调查研究。

2020年制定的第14个"五年规划"《建议》，经历了很复杂的过程。习近平担任规划《建议》起草小组组长。正式起草前，包括国家高端智库的60多个单位围绕经济社会发展中的 38 个专题，形成了 200 多份研究报告。各地区各部门，还提交了 109 份有关新的"五年规划"的意见和建议。《建议》起草小组反复研究这些报告和意见后，拿出《建议》稿的基本框架和重要内容，并交由中央政治局和中央政治局常委会多次审议。

与此同时，中央领导人还多次到基层，问计于民。比如，习近平到湖南长沙，同来自基层的村党支部书记、乡村教师、扶贫干部、农民工、种粮大户、货车司机、快递小哥、餐馆店主、法律工作者，座谈了两个多小时。问计于民，还包括在网上征求意见。网民在网上留言有 100 多万条，规划《建议》起草小组从中整理出 1000 多条具体建议。

有了《建议》初稿后，习近平还主持召开 7 次座谈会，分别邀请民主党派和无党派人士、企业家、经济社会学家、科学家、教育文化卫生体育工作者、基层代表等参加，当面听取意见。经过反复打磨，这才把《建议》稿拿到中国共产党十九届五中全会上审议修改，最后得以通过。

走到这一步，事情并没有完。

还需要由国务院一个叫"国家发展和改革委员会"的正部级机构，根据中共中央提出的规划《建议》，编制出更具体的可操作的工作纲要和细目。

最后一步，是把"规划纲要"转化为国家意志，提请国家最高权力机关 —— 全国人民代表大会审议，代表们又会提出一些修改意见，然后票决通过，最终成为法定文件。

一旦成为法定文件，剩下的便是执行，由国务院各部门和各级政府负责落实到实际工作当中。

问 **实在太复杂，听得我头都大了。想不到中国共产党治国理政，内部运行过程如此细密。没有专注和耐心、没有使命感和责任心，这样的领导角色确实担当不起来。我更关心的是，中国制定的规划，管不管用？真的都能够落实吗？**

答 讲一个故事，你就明白了。

2020年12月，中国的"嫦娥五号"，成功地带回了月球上的土壤样本。令人惊讶的是，有人翻出16年前的一张报纸发现，整个探月计划早在2004年就制定了一个"绕、落、回"的实现步骤，和后来的实际情况一模一样。就是说第一步让飞行器能够绕着月球飞行，第二步是落在月球上实地探测，第三步是把月球上的土壤样本带回来。

假如你回到16年前，看到这个新闻，或许觉得这是个梦想，是充满不确定性的计划。结果，中国人干事，就真的这么有定力，计划被严丝合缝地执行了。

问 制定"五年规划"不是年年都有，通常情况下，中央全会每年也只召开一次，一些日常的治国理政事务由谁来处理？

答 中央委员会选举产生的中央政治局和它的常务委员会，在中央委员会全体会议闭会期间行使中央委员会的职权。实际上，中央政治局和它的常务委员会成员，大多担负治国理政方面的日常事务和具体责任。比如，在全国人大、国务院、人民政协全国委员会、中央军事委员会以及个别省（区市）党委担负主要领导职务。中央政治局和政治局常务委员会，经常开会议事、办事。

从宏观决策和协调统筹上讲，中央层面还有一种"领导小组"或"专门委员会"制度。这是中国共产党领导治国理政的重要途径和方式。

从1958年开始，中共中央设立财经、政法、外事、科学、文教五个领导小组。领导小组的功能最初是"咨询性质"和"临时决策"，后来发展为议事决策、协调执行。比如，为了办好研制"两弹一星"这件大事，1962年年底，成立了一个由中央政治局、国务院、中央军委若干领导人组成的"中央专门委员会"，这个机构集指挥权、财政权、人事权于一体，中共中央副主席、国务院总理周恩来亲自担任主任，集中统一领导原子弹、导弹和人造卫星研制工作。

改革开放后，沿袭了这种领导体制。目前设立的负责治国理政日常事务的"专门委员会"或"领导小组"，有中央全面深化改革委员会、中央国家安全委员会、中央财经委员会、中央外事工作委员会、中央全面依法治国委员会、中央思想宣传领导小组、中央统一战线工作领导小组、中央港澳工作领导小组，等等。此外，为应对重大突发事件，也会成立一些临时性的领导小组。2020年便成立了中央应对新冠肺炎疫情工作领导小组。

一般来讲，专门委员会、领导小组成员可以来自党的工作部门，更多的是来自政府相关部门，由此既实现党对重大工作的领导，也能确保办好大事的专业性。

问 **中国共产党如此设计自己的领导角色，和西方执政党确实不大一样。西方舆论也有一些埋怨，新上台的政党常常会推翻前任的政策，从而使一些政策难以一以贯之，治国理政好像是头痛医头，脚痛医脚。我要问的是，中国共产党的基层组织和个体党员在治国理政上发挥什么作用？**

答 中国共产党的执政力量，不是抽象的存在，或只在特殊情况下才让人看得见。它在全国范围内建立有严密的组织体系。其中各级地方党委有3200多个，各级政府中的党组织有14.5万个，基层党组织468万多个。这是世界上任何其他政党都不具有的治国理政优势。

中国共产党是"行动党",不是"口号党"。它治国理政的理念和政策最终是靠基层党员干部,把人民组织起来去落实的。

江苏农村有个华西村,华西村有个人叫吴仁宝,前几年去世了。他曾以48年村党支部书记的履历,成为在中国共产党内最小"官位"上任职时间最长的人。

最小的官,干出了大事情。他带领华西村农民办了不少企业,落实共同致富的理念,使华西村户户住别墅、家家有汽车,人均存款超过百万元,村民拥有很好的福利和社会保障。

吴仁宝这样做的内在动力是什么?他说:我是穷过来的,最大的心愿就是让穷人过好日子,这是我的原动力。什么是社会主义?人民幸福就是社会主义。千主义万主义,社会主义让人民能够富裕,就是最好的主义。

安徽省财政厅有一个副处级干部,叫沈浩。2004年下派到安徽小岗村扶贫,担任村党支部第一书记和村委会主任。2007年挂职三年到期后,全村农民舍不得他走,起草了一封挽留信,农民们按上手印要求上级部门把他留下来带领村民再干三年。2009年11月,沈浩因劳累过度病逝在小岗村他临时租住的房子里。

沈浩为什么受到欢迎呢?他带领小岗村的农民修建公路,为农民集中盖住宅楼,培育壮大葡萄产业,把土地集中起来成立小岗村发展合作社,等等,使小岗村村民的生活发生了很大变化。

问 中国共产党长期执政，领导中国，历史经验和现实成就给了它很大自信。我的感觉是，领导这样复杂的大国，要做得对、做得好，似乎完全靠中国共产党特别是它的领导层在治国理政上不犯错误。

答 世界上没有不犯错误的政党。中国共产党是犯过错误的，而且几次陷入危机。但它一路走来，风雨兼程，总是能不断修正错误、克服危机。

在治国理政上，中国共产党犯的最大错误，是搞"文化大革命"运动。但它犯错误，出发点不是为了维护自己的什么利益，而是在一些战略全局的判断上发生了失误。犯了错误，怎么办？它的做法是认真检讨、总结经验、切实改正。错误和挫折教训了中国共产党，使它更加聪明起来，由此拥有不同于其他政党的应对危机的智慧和能力。

问 也有人担心，现在搞得不错，万一什么时候又没有搞好呢？

答 这正是中国共产党充满忧患意识的原因。所谓忧患意识，就是敏锐应对各种挑战，注意去发现那些容易出错的地方，时刻提防因为应对不当而犯错。在风险和挑战面前，中国共产党做决策还提倡底线思维，意思是从最坏处作准备，争取最好的结果。

当然，一般性失误谁都不能保证不会出现，但大的颠覆性错误是绝对不能犯的。

中国共产党担当领导角色，实际上有一种如履薄冰的心理压力。历史和人民既然选择你成为"国家大脑"，接受你的领导，你没有任何理由在治国理政上出现大的失误。

为此，中国共产党经常总结治国理政经验，不断提升执政水平和能力。在思想方法上强调"实事求是"。它的字面意思是，从实际对象出发，探求事物的内部联系及其发展规律，认识事物的本质。用在治国理政上面，就是弄清楚中国发展的历史方位，回应时代和人民的要求，根据实际情况作出正确的决策，然后一代人一代人地干下去。

这是中国共产党最根本的治国之道。

怎样塑造好自己的角色

问 **中国人常说一句话：办好中国的事，关键在党。甚至说过，中国出问题，首先是中国共产党内部出问题。**

答 的确，中国共产党能不能担当好领导角色，关键在能不能管理好自己，塑造好自己的角色。

问 **中国共产党是怎样管理自己，塑造自我角色的？**

答 管理自己，塑造好自我角色，就是搞好党的自身建设。中国共产党成立 100 年了，已经建立起一整套严密的管理好自身队伍的制度体系。

新时代以来，中国共产党有一个新认识，必须要靠制度来管党治党。于是，对中央委员会、中央政府部门的党组、地方党委、农村和国有企业基层党组织，都制定出了详细的《条例》，明确它们的责任、义务、权力、工作程序等。只有党的各级组织都健全、都过硬，形成上下贯通、执行有力的严密组织体系，党组织的运行，才能"如身使臂，如臂使指"。

问 　　**西方国家的注册党员，大多是因为政见相同走在一起的。平时能够赞成本党的主张，选举时投本党的票，帮助宣传本党的候选人，就算尽了一个党员的义务。中国共产党拥有比德国总人口还要多的党员，平时怎样进行管理？怎样保证他们都能够心甘情愿地去履行自己的义务，而且有能力去履行自己的义务？**

答 　　成为中国共产党党员，不是件随意和轻松的事情。也不像西方注册党员那样，谁想加入就能够加入。除了自己写申请书外，还要经过一系列考察、确认程序。能够入党的人，通常都有积极向上的追求，在工作中有比较好的表现，为人处事的口碑不能差，还要有承担更多事务的愿望和能力。

　　绝大多数党员都工作和生活在基层，自己就是老百姓。不同的是，他们是各行各业的积极分子和活跃力量，大多有相应的"角色意识"。

　　比如，外国人来中国，在机场、火车站、旅游景点、银行、商场常常会看到"党员先锋岗"这类牌子，或许会不明所以。但对中国老百姓来说，他们会不假思索地走到这块牌子下面排队，接受服务。因为，这样的牌子意味着工作人员的技能高些、服务态度好些。这种做法，对共产党员来说，既亮明"角色"，又接受监督，还是一种激励。

大多数党员都能够根据所在组织的要求，去履行自己的义务。中国共产党每年都要表彰一批履行义务出色的优秀共产党员，以树立榜样的感召力。

为了教育培养党员干部，从中央到县级党委，办有规模不同的党校。凡是在党内有相应职务的领导干部，大体上每5年都要进入党校学习一次。通过学习党的政策理论，以强化党员干部角色、坚定信仰、提高工作能力。

中央政治局成员每个月要集中在一起学习一次，学习内容涉及党的建设和治国理政等方方面面。诸如怎样理解党提出的"自我革命"、怎样推动"一带一路"倡议、怎样依法治国，还有海洋管理、扶贫、哲学、经济学、传统文化、生态文明各式各样的专题。

中国共产党提倡向实践学习。一些新的治国理政思路，是在不断总结实践经验的基础上提出来的。比如，刚搞改革开放的时候，谁知道会走向社会主义市场经济？正是经历了14年的不断摸索，根据实践效果，才在1992年正式明确我们的经济体制改革的目标是建立社会主义市场经济。

社会主义市场经济怎么搞？起初理想化一些，把市场经济的优点看得多一些。现在，中国共产党非常清楚，市场经济必须是法治经济、是道德经济，市场经济不能搞成"市场社会"，在社会和民生领域不能完全靠市场来支配资源。中国共产党正是在不断的学习中，适应和引领时代以提升治国理政水平的。

问 你前面说到，绝大多数党员实际上就是老百姓，那么，什么样的党员才能够当上领导干部呢？用什么样的规则，来选择和提拔党员干部？

答 领导干部是逐级成长和选拔起来的。比如一位 22 岁大学毕业的年轻人，如果有志于当公务员，进而成为党员领导干部，那么他必须先到工厂、农村、街道、公司这样一些基层岗位上去工作，干得好，再一级一级地往上升。即使他有幸直接通过公务员考试，入职进了高层机关，也要先到基层去锻炼一两年。

领导干部的上升阶梯，层级多，而且复杂。从基层的科员一级一级地干起，要升到省级或部级领导岗位，基本上要 30 年左右的时间。进入中央领导层的，大多在 60 岁左右。而省部级以上的领导，每届也就几千人。平均算下来，一个干部从入职到成长为省部级领导，需要从几百万个干部中脱颖而出。这和西方一些国家，没有任何从政经验，也可以当选总统，或者被总统任命为内阁成员，很不一样。

有人把中国的干部制度，称之为"贤能政治"，不无道理。几十年的磨炼，既能看出一个干部是否有行政管理"才能"，也能看出他是否有忠诚、干净和担当的"德操"。

忠诚、干净、担当，是选择和提拔领导干部的重要条件。忠诚，是对党的信仰和党组织的忠诚；干净，是指清正廉洁。担当，涉及干事情的热情和能力。

当前，确实出现了一些领导干部不敢作为、不愿作为、不能作为的情况。比如，在东部某省的一个镇，一位镇干部发现一份乡村振兴的中央文件，有一条政策非常适合本镇的发展需要。他向上级请示"能不能做，如何做"，收到的回复是"按相关规定办"。有记者在采访此事时发现，这份回复文件的批阅栏里写着"请某某县长、某某局长阅"，总共有10余名县级领导和部门领导看到了这个请示报告，却谁都没有发表具体意见。

一位基层干部说："中央、省里的文件是统揽全局的指导性意见，要指导实践，需要市里县里根据本地实际出台具体细则，否则'按规定办'就真的没法办。"这说明，现在更需要的是肯干事、能干事、干成事的干部。这是担当的本来含义。

问 **在党的建设工作中，中国共产党最担心的是什么？**

答 最担心的是脱离人民群众。中国共产党得以长期执政,是因为拥有别的政党不曾有的先进性。但是,先进性不是一劳永逸的。过去先进,不等于现在先进;现在先进,不等于永远先进。衡量先进与否的关键尺子是能不能获得人民的信任和拥护。

习近平提出要避免掉进"塔西佗陷阱"。担任过古罗马执政官的历史学家塔西佗,在谈论执政感受时说:"当政府不受欢迎的时候,好的政策与坏的政策都会同样地得罪人民。"这个说法被后人概括为"塔西佗陷阱",意思是,当公权力失去公信力时,无论发表什么言论、无论做什么事,人民都不相信,社会都会给以负面评价。

经济发展了、人民生活水平提高了,但不直接等于党同人民群众的联系更加密切、必然密切。在局部领域,有时候反而疏远了。中国共产党当然还没有走到"塔西佗陷阱"这一步,但存在的问题确实不少,有的还很严重。

问 管理自己的队伍,塑造好自己的角色,除了正面表彰、教育和提拔等方式外,对那些不合格的,丧失党员"角色意识"的人,怎样处理?

答 发现领导干部有错误,根据错误大小不同有四种处理方式:约谈函询,批评教育;给予警告或调整工作岗位;职务降级;严重违纪违法和涉嫌职务犯罪的,开除党籍,起诉审判。

这里说一组数字。为了改变人民群众最深恶痛绝的官员腐败现象，从 1982 年到 2011 年的 30 年间，因违纪违法受到处理的省部级领导干部共有 456 人。从 2012 年 11 月到 2020 年 1 月，7 年多的时间里，因违纪违法被立案审查和受到查处的中央直接管理的干部 414 名（大多是省部级高级干部），这还不包括 100 多名军队军级以上的将领。同一时期，立案审查的厅局级领导干部接近 17000 名，县处级领导干部就更多了。

反对腐败的力度，前所未有。领导干部的"干净"程度有很大提高。

问 一直说要从严治党，今天的"从严"有什么特点？

答 新时代以来，中国共产党在如何塑造自身角色的问题上，有一个新的理念和做法，叫"自我革命"。要全面从严治党，就必须以自我革命的政治勇气着力解决党内存在的突出问题，以勇于自我革命的精神打造和锤炼自己。

"自我革命"是中国共产党在长期执政条件下不断锻造自身面貌的有效方式。它的内含至少包括这样几个方面，一是要自我净化，就是得病了，肌体内有了病毒，必须刀刃向内清除病灶；要自我完善，就是通过一系列制度安排，补齐自身建设中的一些短板，从而强身健体，增加免疫力；要自我革新，就是要与时俱进，自我超越，跟上时代，不要因循守旧；要自我提高，就是要有新本领，新境界，能够干好各种新事难事。这些做法，有异于其他政党的自我建设。咱们想想，世界上有哪个政党，敢于刀刃向内，向自己体内的病灶开刀，甚至是壮士断腕的？

以"自我革命"的政治勇气，从严管党治党，不是说说而已，而是落实到了一些细节上面。比如，领导干部每年都要在相应的范围内，对照检查自己的不足、分析不足的原因，进行批评与自我批评。这种做法叫作"民主生活会"。

为了弥补过去管党治党上的一些漏洞，加大约束力，中国共产党开始注重工作和生活细节的制度化管理。

领导干部开会讲排场，利用公款请客；违规兼职特别是在企业兼职取酬；收取享用别人赠送的各类会员卡；把家庭成员送到国外定居，自己在国内当"裸官"；出差时被安排到风景名胜观光一番，或顺带收点地方的土特产；逢年过节机关单位出钱买些购物卡或月饼之类的礼品送人，凡此等等，过去被认为是法不责众、司空见惯的寻常事。如今都不行了，都要受到处分。若有人于灯红酒绿处大吃大喝，被拍下场景或账单，随手发到网上，一经查明真是公款消费，吃喝者便不好受了。

四川省凉山州，有名领导干部带领 15 个人的工作组下乡，开了 10 台越野车，加上县里陪同的车辆，在崎岖的山路上形成一支绵延一二里路的车队。晚上本来安排的是工作餐，却因为前来看望的同乡、同学和亲友越来越多，变成了 60 人参加的大宴席，花了 15000 多元。

中共四川省的纪律检查部门，对这起事件进行了严肃处理。凉山州为此还制定了"十条规定"。其中一条很特别，就三个字："不杀牛"。原来，当地老百姓有一个风俗，婚丧嫁娶、招待尊贵客人都要杀牛。这个风俗后来有些变味儿，凡是上级领导来了都要杀牛招待。新规定一出，无论大事小事都要杀牛宰羊显排场的风气，被刹住了。

问 **从细节管起，在细节上从严确实是一大进步。**

答 管理还只是通过外部约束，让党员干部"不敢"和"不能"去做违背党纪国法的事情。现在，中国共产党正采取其他办法，让领导干部"不愿"和"不想"去做违背党纪国法的事情。

第六章

土壤——中国文化

无论西方是否承认中国的价值观，我们都不得不承认中国作为一个庞大文明体系的存在，并且很有可能在未来与西方体系长期共存。

——克里·布朗（英国教授）

不管背景有多不同，双方其实有许多共同点。当来自不同国家的人们为共同目标而共同努力时，好事情会发生。

——迈克·德瓦恩（美国俄亥俄州州长）

面对文化差异，怎么办？

问 美国的亨廷顿 1996 年出版《文明的冲突与世界秩序的重建》一书，提出一种观点，美苏冷战结束后，国家间发生冲突的根源不再是意识形态而是文明，主宰全球的将是"文明的冲突"。今天看来，中国好像真的遇到了一场"文明冲突"。欧洲有人把中国道路，看成是对西方发展模式和民主模式"整体意义上的危害"。2019 年，担任美国国务院政策规划事务主任的基伦·斯金纳博士干脆表明："美国正着手准备应对美中之间将发生的文明冲突。"

答 我注意到基伦·斯金纳博士的那个讲话。她说：当初美国与苏联的冷战是"西方大家庭内部的一场冲突"；当前美国与中国的争端，是"一场与一种完全不同的文明和不同的意识形态的较量，这是美国以前从未经历过的事情"。她的依据是，中国"构成了独特的挑战"，因为中国"不是西方哲学和历史的产物"。

看来，有人确实想把国家发展道路的差异归结为更深层次的文明冲突。

问 　不同国家、民族、地区和信仰之间，看起来像"文明冲突"的事件，在历史上确实发生过。最明显的是欧洲十字军东征。同一个文明地区，围绕不同价值信仰的内部冲突，也有不少。西方内部就经历过天主教和基督教的冲突，中国内部也有过佛教和道教的矛盾。

答 　问题在于，这些是文明本身的冲突，还是信仰不同文明的国家、地区、民族、群体之间，为争取现实利益而发生的冲突？这是值得思考的。

　　不少冲突，实际上根源于社会、经济、政治上的利益矛盾，当然，有人也会拿"文明"来说事。某些霸权国家强力干预拥有不同文明背景的其他国家和地区，好像是不同文明发生了冲突，其动机事实上来自地缘政治或经济利益的算计。挑起冲突、制造隔阂的未必是文明本身，而是不同文明背景的人怀抱的实际利益。

　　正好，2021 年 4 月 6 日，美国副总统卡玛拉·哈里斯，在参加拜登政府就业和基建政策的活动时，不慎道出真相："我参加过很多关于外交政策的会议，数年来和数代人以来的战争，是为了争夺石油而打响的。但很快争夺水资源的战争就会到来。"

　　听到这样的自白，不妨作这样的简单推理：人们一直以为美国是为了人权和民主才发动战争的，而那些被美国攻打的中东国家有石油，只是一个巧合。接下来，美国如果在恰好有丰富水资源的国家传播人权民主，肯定不会让人觉得意外。如果这些有水资源的国家，又恰好像有石油的中东国家那样，拥有和美国不一样的文明背景，那么，"文明的冲突"的逻辑，看起来就成立了。有西方网民正是这样推论的。

问 **不同文明之间和谐相处，毕竟是一件难事。**

答 在人类生活的这个星球上，有 70 多亿人口、200 多个国家和地区、2500 多个民族、5000 多种语言，还有各式各样的宗教信仰，和谐相处确实比较难。但只要不试图以自己的文明代替别人的文明，承认多样和差异，相互包容，是可以做到的。如果拥有足够的文化自信，不同文明不仅能够和谐相处，甚至还可以在交流互鉴中取长补短。

向西方学习了近 200 年，并没有让中国变成西方，自身的文化土壤依然坚实。一代又一代人是看着西方诗歌、小说、美术、电影、电视剧长大的，这些文艺作品不仅给他们带来快乐和审美愉悦，连带着，西方的历史、制度、价值观念、生活态度、风俗习惯，也给了他们不小的影响。在中国看来，这种文化上的交流正是文明进步的助力。

西方近代史上的一些贤哲，对中华文化并不排斥，甚至流露出浓厚兴趣和赞赏态度。

德国科学家和哲学家莱布尼茨在《中国近事》一书中说："在实践哲学方面，欧洲人不如中国人。"法国百科全书派的伏尔泰赞叹："中国为世界最公正最仁爱之民族。"他欣赏中国的孔子，甚至把自己的书房命名为"孔庙"，发表文章的笔名，有时干脆就用"孔庙大住持"。德国大诗人歌德认为，在中国，"一切都比我们这里更明朗、更纯洁，也更合乎道德"。

这些赞语，并不能说明近代欧洲的贤哲没有文化自信，而只是说明，来自东方的文明让他们好奇和惊讶，感到确实有另外的一种文明存在着，并试图以之来补充和进一步发展西方文明。这是西方近代上升阶段从容自信的文明气度。

即使在今天，普通的西方人也不排斥中国文化。形象展示中国传统元素的传播作品，依然获得他们的点赞。

四川绵阳市有位叫李子柒的20多岁的姑娘，从小跟着爷爷、奶奶在农村长大。2017年，她在美国视频网站YouTube上发布第一个自制视频"用葡萄皮做裙子"，随后迅速走红。原因是她穿着传统的女性汉服，以家乡农村为背景，制作了一批网络视频，原汁原味地再现了充满诗意的农村生活和令人惊讶的中国传统工艺。她自己弹棉花，缝棉被，印染花布，做豆腐，烧传统农家菜，用竹子做家具，制造毛笔和宣纸，酿造黄豆酱油，种植水稻……每条视频，都有500万以上的播放量。2021年2月，吉尼斯世界纪录官方微博宣布，李子柒的短视频以1410万的订阅量，刷新了由她此前创下的"最多订阅量的 YouTube 中文频道"吉尼斯世界纪录。

问 　关于中国文明，西方舆论为什么会生出"冲突"的感受？

答 　这是个非常有意味的话题。

西方过去大多把中国看成经济成功的独特国家，现在没这么简单了。中国的发展让自己被置于世界舞台的聚光灯下，人们开始更多地从政治、社会结构，进而从文明和价值观的角度来打量中国。

中国文明的"声音"虽然在增强，但远不足于和西方舆论保持平衡，与中国自身具备的经济和政治影响力尚不匹配。那些打量中国文明和价值观的西方人，有的对中国文明实际上比较陌生。陌生，正是滋生猜测和臆断的温床。

有个叫当代中国与世界研究院的机构，访问了全球22 个国家的 11000 人，其《中国国家形象全球调查报告2018》提供的数据是：发达国家受访者大多认为，中餐是最能代表中国文化的元素，而发展中国家受访者大多认为，中医药和武术是最能代表中国文化的元素。

世界了解的、被选择为代表中国文化的这些元素，恰恰不足以反映中国道路的文化本质。

人们难以深入了解中国文化的特点，还与中国人的思维和表达方式让西方人接受起来有一定难度有关。

中国传统思维，强调"己所不欲，勿施于人"，就是说，你自己都不想干的事情，不能强求别人去干。中国人习惯上是"各美其美，美美与共"，讲的是大家相处，每个人都可以坚持自己的爱好和习惯，各种爱好和习惯可以相互包容和相互欣赏，没有必要面对差异去否定甚至改造别人。这些价值观，是当代中国看待国际关系的思想逻辑，提倡"和平共处""和平发展""互利共赢"的文化土壤。

但是，无论中国怎样真诚地传播这些理念、奉行这样的国际交往准则，在西方一些人眼里，好像就是个口号，难以真正理解和认同。因为他们听到的、接收到的、运用的话语体系，是以个人主义和自由主义价值观为基础的表达。

中西方社会应对新冠肺炎疫情措施不同，就有文化习惯使然。为了自己也为了公共安全，中国人戴口罩很自觉，没有觉得有什么不对；但在不少西方人看来，只有在医疗环境中才需要戴口罩，在美国，戴不戴口罩甚至会成为政治态度的表达。在政府推出隔离措施后，中国人的纪律性和服从性很强，基层政府的执行力度也非常大；而西方国家不到万不得已，不会作出隔离决策，因为那将涉及人权和自由。美国的密歇根州便出现几千民众开车游行示威，反对"居家令"，口号是"没有自由的安全叫监禁""不自由，毋宁死"。

美国因新冠疫情有那么多人不幸离世，但民众针对政府的情绪似乎不大；这要是发生在中国，对政府来说，将是很难承受的灾难。可见，政府的责任和义务链条，在中西方是不一样的。

问 **如果深入了解了中西方文化差异，难道就会摆脱"文明冲突"的困扰？**

答 当然不会。在文化差异面前，西方和中国有不同的选择习惯。

面对不同的文化差异和文明形态，西方政治意识形态似乎有一种天然的偏见和排斥，容易条件反射式地把中国的主张纳入其零和博弈的思维框架来评判。比如，中国提倡构建人类命运共同体，美国学者安德里·沃登撰文说："中国所设想的新世界秩序将不会包括西方价值观，而是建立以中国规范、价值观和话语为核心的人类命运共同体。"或者，干脆就认为人类命运共同体及其"互利共赢、义利兼得"等，"是典型的'乌托邦'理念"。

我的感觉是，"和而不同"的传统，拓展了新时代中国创造人类文明新形态进而为世界谋大同的想象力和创造力；个人主义和自由主义传统导致的狭隘和偏见，限制了西方一些人与时俱进的想象力、认知力、判断力。

中国女外交官傅莹，在她的《看世界》一书中，记述过基辛格的一个看法。基辛格说：美中都认为自己的文化是独一无二的，但中国人寻求别人的尊重，美国人寻求别人的皈依。美国历史上很少有人学习过中国的哲学思想，美国倾向于将所有问题转化为法律问题，而中国倾向于将问题看作历史进程。这是我们必须应对的观念差异的挑战。

法国前总理拉法兰，在他的《中国悖论》一书里说：有一点越来越清晰，就是在西方希望向中国强加他们的观念时，中国人在努力证明可以提供一个不同的"中国方案"。西方人认为相对的事物必定冲突，真相只有一个。但中国的"阴阳平衡"文化让他们认为好坏、是非可以共存。世界本来就这样，两个不一致的观念和真相是可以并行的。这种文化差异导致欧洲人在看待中国时，常常带着轻视和傲慢的态度。

西方国家率先登上并长期置身于现代化高地，形成居高临下看世界的习惯，以及固定的文化视野和文化优越感。看到和自己不一样的文化风景，自然会在一些人心中转化成"文明冲突"的感受。

发展中国家在学习和追赶现代化过程中，既有所得，也受到来自西方居高临下的指责。如果碰上中国这样拥有自信的"学生"，成绩不错又坚持走自己的现代化道路，被一些人视为"异类"或"对手"，似乎在所难免。

中国和西方的文明关系虽然复杂，说到底，根子恐怕就在这里。

面对文化差异，中国的态度和西方不同。

为追赶现代化，中国对西方文化的了解、研究和学习，已经持续了将近两个世纪。它不会无端反对和自己不一样的东西，而是坦然面对；最多只是用实践告诉西方，"我和你确实不一样"。

中国处理文化差异的方法，叫"求同存异"。意思是：不一样的地方大家可先各自保留，尽量找出更多相同的地方，把"同"作为互动接近的基础，努力朝一个方向走，在这一过程中，逐步淡化和消弭"异"容易带来的冲突。

问 **对如何摆脱"文明冲突论"困扰，有什么建议？**

答 赞同"文明冲突论"的毕竟是极少数人。更多的人只是觉得，中国的崛起和发展对西方价值观带来了挑战。挑战或许存在，但它是客观形成的，并不是一定要对其他文明造成威胁。

当今世界，各国文明在传承和发展中都面临着挑战。最明智的办法是"解放思想"，跳出习惯的思维方式。

已经有不少睿智的建议摆在我们面前。

英国伦敦国王学院的克里·布朗先生提出："无论西方是否承认中国的价值观，我们都不得不承认中国作为一个庞大文明体系的存在，并且很有可能在未来与西方体系长期共存。"

即使提出"文明冲突"的亨廷顿，在其《文明的冲突与世界秩序的重建》一书中，也道出一些实话。他说："西方文明的价值不在于它是普遍的，而在于它是独特的。因此，西方领导人的主要责任，不是试图按照西方的形象重塑其他文明，这是西方正在衰弱的力量所不能及的，而是保存、维护和复兴西方文明独一无二的特性。"

中国国家主席习近平说得更明确："不要看到别人的文明与自己的文明有不同，就感到不顺眼，就要千方百计地去改造、去同化，甚至企图以自己的文明取而代之。历史反复证明，任何想用强制手段来解决文明差异的做法都不会成功，反而会给世界文明带来灾难。人类有肤色语言之分，文明有姹紫嫣红之别，这些分别正是世界文明的基本特征，植根于不同文明土壤上的制度、道路的多样性及相互交流借鉴，正是人类社会进步的动力。"

中华文化：土壤与果实

问 **习近平指出，制度、道路的多样性，"植根于不同文明土壤"。看来，中国习惯从文化土壤的角度来解释国家发展道路和制度特征。**

答 确实这样。国家道路的选择和塑造，不只是经济政治领域的选择和塑造，也是文化上的选择和塑造。

中国道路在发展上有一个总布局，叫建设社会主义"市场经济、民主政治、先进文化、和谐社会、生态文明"。有时候，也改换话语方式，用"文明"来代称，说成是建设物质文明、政治文明、精神文明、社会文明、生态文明。

文明既是历史创造的积累，也是现实创新的土壤。

就生态文明建设来说，历史上，我们的祖先就很推崇人与自然的和谐相处，提出"天人合一"的理论。新时代中国，围绕为什么建设生态文明、建设什么样的生态文明、怎样建设生态文明，有许多新的思考。

比如，生态兴则文明兴、生态衰则文明衰，这是"生态历史观"；"绿水青山就是金山银山"，这是"生态发展观"；环境即民生、青山即美丽、蓝天即幸福，这是"生态民生观"；人的命脉在田、田的命脉在水、水的命脉在山、山的命脉在土、土的命脉在林和草，这是"生态系统观"；建设生态文明的目标，则渗透着浓郁的审美意味，叫"美丽中国"。

这些思考，是推进中国生态文明建设的价值观和方法论，也是中国道路的一种文化立场表达。

中国道路的生态文明建设实践，丰富多彩。让生态美成为吸引投资的"金名片"，追求高质量的生活和发展空间，已经成为普遍行动。

河北省有一个井陉县，最多的时候曾有400个煤矿企业粗放开采，把生态破坏得千疮百孔。当地政府下决心通过兼并重组的方式，把煤矿企业压缩减少到6家，并且全部采用新的生产线，实现无尘开采、无尘加工、无尘运输。

当地政府还整合当地的传统古村落、非物质文化民俗、原始的风景名胜等生态资源，在崇山峻岭之间，建成一条全长60余公里的古村落旅游环路。沉睡千年的古村落群被激活了，一些新型产业投资项目纷至沓来，一条新的"经济带"呼之欲出。

问 你在前面讲中国道路形成过程时，说它是在对中华文明 5000 多年的传承发展中"走出来"的。我不明白，讲一个国家的发展道路，一定要追溯到几千年的历史文明当中吗？

答 这涉及怎样看文明传承和现实发展的关系。

人们一提到国家，就会想到西方意义上的现代民族国家。但中国不是简单的民族国家，而是具有自己独特文明传承的国家范畴，是"多元一体"的中华民族共同体。

中国历史上基本上以文化认同塑造民族认同。是否是中华民族一员，不是靠族群、区域、宗教来确认，而是靠文化来决定。历史上少数民族在中原建立中央政权后，大多主动选择继承发展中华文明大一统体系。

中国有个共识：一个国家走的路子，如果是科学的有前途的，那它必然是从历史传统、文化积淀、基本国情的土壤里生长出来的。

中国道路如果是一棵树上的果实，那么，这棵树的根只能扎在中华文明的土壤里面，人民的意愿、时代的要求，犹如空气和阳光，哺育着它的成长。

中国道路如果是一个人，他的脚只能站在现实国情的土地上，历史的延伸，成为他前行的路基；文化的积淀，赋予他前行的精神气质。

问 你说中国道路有实践、理论、制度和文化四种形态。中华传统文化对中国道路的制度形态，难道也产生了影响？

答 历史文化，不光指文学、历史和哲学这样一些反映精神世界的成果，它还包括物质生产能力和水平、国家制度和社会治理方式，等等。像中国这样历史悠久、文明源远流长的国家，它的现实发展道路不能不融进一些传统的政治思想、社会理想、道德规范以及国家制度与社会治理方式。

制度属于上层建筑，它虽然来自经济基础，但同时也体现着特定意识形态属性。任何制度体系的设计、运作和博弈，都会有其文明的依托，都包含着价值观的支撑。

这不只是中国人看待制度形成的视野，西方学者同样习惯于此。马克斯·韦伯《新教伦理与资本主义精神》一书，力图证明的一个观点是：基督新教是市场经济之母。还有一本大家熟悉的书，托克维尔写的《论美国的民主》，力图证明的一个观点是：基督教是美国民主之母。

这两本书给人的印象是，西方物质（科技）文明源于其制度文明（如自由市场经济制度），其制度文明则源于基督教信仰及其伦理内核。由此，有西方学者径直提出："文化为体制之母。"

问 中西方制度确有不小差异，它们同各自文化土壤的关系，恐怕还需要说得具体些。

答 从古希腊开始，欧洲的土地上便呈现出城邦林立的地域格局。各城邦势力相近、缺少强势核心，这就意味着，每个城邦之间高度独立，容易形成政治上分权制衡制度。

欧洲认识世界的方法，强调实证和数理分析，形成"非此即彼"的判断习惯和"一分为二"的思维模式；在处理个人和社会的关系上，更多地推崇个人自由，乃至走向"物竞天择，适者生存"。这样的文化土壤，多多少少影响了西方国家的制度选择和塑造。

与西方传统不同，中国人喜欢探寻天下一统，政治上多采用中央集权制度，思想上推崇包容与融合，进而形成"天下为公"的社会理想，即天下是大家共有的，要培育和睦的社会气氛。

这些文化基因，大多沉淀到近代中国人的政治理想当中。19世纪末搞维新变法的康有为，在其《大同书》中便推崇儒家经典《礼记·礼运》说的"大道之行也，天下为公"思想，提出"大同之道，至平也，至公也，至仁也，治之至也"。意思是，要按照人类发展普遍规律来治理社会，就必须承认天下是人们共有的，而不是谁独有的。最理想的政治制度，是构建公平、仁爱、祥和的社会。

搞民主革命的孙中山，最喜欢题写的也是"天下为公"四个字，意在传播自己的社会理想。他题写的"天下为公"条幅，已经发现的多达 32 件。

坚持和发展中国道路，搞社会主义制度，把国家看成是人民的国家，强调国家的统一民族的团结，社会的和谐，便沉淀有以上这些文化基因。

其他还有——

开创中国道路，不断改革创新，体现了"苟日新、日日新、又日新"的精神气象。每天都要进取创新，才能自强不息。

中国道路树立的共同富裕目标，反映了"以民为本""等贵贱"的价值追求。把人民看成国家发展的根本，平等相待各个社会群体。

中国道路强调依法治国，则沉淀了"立善法于国""奉法者强"的政治基因。国家法度要松紧适度，便于人们遵守，遵奉法度治国，国家才能强大。

中国道路要构建和谐社会，不难看出"老吾老以及人之老，幼吾幼以及人之幼"的人伦关系。要像尊重自己家的老人那样尊重社会上的老人，像亲爱自己的孩子那样亲爱别人的孩子。

中国道路推崇民主协商制度，需要"海纳百川""多元通和"的治国理政胸襟。要像大海容纳无数江河一样，包容不同意见，在广泛沟通中形成决策。

中国道路实行德才兼备、以德为先的干部选拔标准，继承了"任人唯贤""选贤与能"的用人方法。先把人品高尚的人用起来，也要把能干的人用起来。

问 　　**中国道路的文化基因，是怎样体现在普通人生活当中的？**

答 　　文化基因就像空气一样，无色无味，它的影响和作用是潜移默化的。在寻常情况下，人们难以感受到它的存在。随着时代条件的变迁，有的文化基因在现实中起到的作用不那么明显，有的明显一些。

　　2015 年，中央电视台播出过一部大型系列电视纪录片，叫《记住乡愁》，以各地村落风貌为单元，讲述普通民众在现实生活中传承文化基因的故事。

　　安徽省有个屏山村，历史上一个在外做大官的乡贤把妻子留在家里照顾自己的母亲，从那以后，这个村落便形成"孝道传家"的传统。今天，走出村子打工挣钱的人越来越多，却始终没有一位独居老人，谁要是不敬养、不尊重父母，在村里是抬不起头来的。

　　甘肃有个哈南村，历史上一直讲精忠报国、忠勇传家。至今，村子里还延续着扮演精忠报国英雄岳飞的形象四处巡游的民俗。这个村子的青年，在外服兵役、保家卫国的不少。

　　浙江有个诸葛村，著名政治家诸葛亮的后代群居于此。今天村里的人都紧守"不为良相，便为良医"的祖训，意思是，如果不能像祖先诸葛亮那样成为治国理政的优秀人才，起码也要成为能够治病救人的好医生。结果，这种文化基因催生了当地的药材生意。

　　重庆市有个濯水村，一直讲求诚信传统。有人到当地小卖店里买东西，手头没有钱，记在账本上就行。小卖店老板由此记下不少赊账本，但村里顾客拖欠不还的事情一次也没有发生过。

问 说中国道路只是受到中国传统文化的影响，恐怕还不行。马克思主义就是产生于西方土壤上的外来文化。

答 中国共产党成立以来，在思想理论上做的最大事情，就是不断把马克思主义中国化。所谓中国化，就是把马克思主义基本原理同中国具体实际相结合、同中华优秀传统文化相结合。其实，中国具体实际，就包括中国的文化实际、文化传统、文化土壤，之所以要突出马克思主义基本原理同中华优秀传统文化相结合，是因为先进知识分子接受马克思主义以后，难免要问：它和我小时候就耳濡目染的传统文化思想是什么关系？它在中国文化土壤上能不能生根发芽、开花结果？

中国人最崇拜的本土思想家是孔子，最崇拜的西方近代思想家是马克思。他们既有文明背景的巨大差异，更有相隔2000多年的时代差异。按理说，他们两人碰在一起是会打架的，但中国却成功地让两人"握手言欢"。

有个叫郭沫若的作家，早在1926年就发表过一篇小品文，叫《马克思进文庙》。该文想象，有一天马克思来到上海，走进供奉孔子的文庙，和孔子讨论各自主张的社会理想、产业政策和富民主张，等等。讨论的结果，让马克思感慨不已："不想在两千年前，在远远的东方，已经有了你这样的一个老同志，你我的见解完全一致。"

虽是文学想象，倒也表明，先进知识分子选择马克思主义以后，便试图把两种不同文化资源融合起来。既运用马克思主义理论来解释和发展中华文化，又运用中国传统文化来印证和丰富马克思主义理论。

问 中国常常讲多种文明并存发展，要向先进文明学习，吸收人类优秀文明成果。这种主张是怎样落实的？

答 有条文化政策，叫"洋为中用"，就是把外国有用的文明成果，包括有利于中国发展进步的西方国家的治理经验和某些体制，用到中国道路的实践中来。

新中国成立初期，就借鉴吸收了苏联制度建设的一些有益经验。改革开放后，更多地学习了西方国家解放和发展社会生产力、增强社会活力的体制。股票证券市场，在西方搞了几百年，中国把它拿过来，很快就搞得有模有样。中国搞过计划经济，知道它的优势在哪里、弊端在哪里，又看到西方搞市场经济的长处在哪里、弊端在哪里。综合起来，就有了自己的特点和优势。

价值观演绎的"剧本"

问 　　**要真正弄懂中国道路的文化土壤，太难了。现在应该把我们的目光投向中国文化现实面貌。人们说，西方对中国文化及其价值观有误解，那么，应该怎样描述当代中国的文化和价值观？**

答 　　中国人的文化自信心，现在是提上来了。即使在最时髦的市场经济生活中，中国文化元素的成分也明显增多。

　　2018 年 2 月，有个中国品牌到美国纽约参加时装周，做了件简单粗暴的事情，商家把 4 个方方正正的汉字"中国李宁"绣在胸前。就这么个直露浅白的设计，引起中国"95 后"年轻人在社交媒体上疯狂转发。这个年龄的多数人，未必知道曾经多次获得世界冠军的"体操王子"李宁是谁，他们只是单纯觉得这个设计很酷。

　　结果是，凭借"中国李宁"这个品牌设计，专做体育服装的李宁公司在沉寂多年之后，销售额首次提升到 100 亿元，股价涨了 3 倍。看来，将"中国"两个字"堂而皇之"地写在胸前，把人们内心原有的那份骄傲和认同诱发出来了。

　　李宁公司的做法不是个案。像华为这样的高科技公司，在为下一代产品注册商标的时候，也从 2000 多年前的一本书《庄子》里，找出"鸿蒙"（时间空间的原始状态）这个生僻词汇，用作自己的操作系统的名称。他们还把自己的实验室称作"玄武"（古代传说中龟和蛇组成的神灵动物）。

　　中国人的文化自信，在建筑设计领域也有所体现。21 世纪初期，国家层面的标志性建筑还依赖"鸟巢"（北京奥运会主场馆）、"巨蛋"（国家大剧院）、"大裤衩"（中央电视台）这些新奇的西方设计创意。如今，情况发生了变化。新一代设计师推崇原创性，不再简单地与西方靠近，而是融入更多的中国元素，反倒增强了其作品的国际影响力。2012 年，普利兹克建筑奖就颁给了中国建筑师王澍。

问　这些故事反映的中国元素，还是些比较表面的东西。人们更想听到的是有关价值观的故事。中国人最在意的价值追求是什么？

答　文化自信，是讲述中国"价值观剧本"的前提。

　　价值观是一个盘根错节的丰富体系。其中，有的价值观是全人类普遍追求的，诸如富强、民主、和平、安全、公平、正义、自由，等等。但是，这些价值目标通常不会一下子在所有国家全部和同时实现。

两个剑拔弩张的敌对国家，一方追求的安全，在另一方看来，可能就是灾难。通常情况下，不同国家、政党和人群对价值目标的追求会作出相应的排序。即使同一个国家、政党和人群，在不同的发展阶段、在遭遇不同的挑战时，价值追求的排序也会有所不同。

当殖民地人民为争取民族独立和自由，用武力推翻殖民统治，普遍认为是公正的、正义的。这时候，如果有人劝他们爱好和平，先不管帝国列强的欺压，回归秩序，去专注于追求繁荣和富强，恐怕就有些虚伪了。

当一个国家把摆脱贫穷，实现生存权、发展权，排在人权系列前面的时候，如果那些早已经富裕和发达起来的国家告诉它，应该首先解决比生存权、发展权更高层级的其他人权内容，恐怕也是不现实的。

问 **你主动提到人权问题，很好。西方最为关注的就是人权和自由。这些年来，西方对中国处理新疆、香港的事情，负面舆论比较多，说中国侵犯维吾尔族的人权和香港的自由。**

答 在西方媒体大肆炒作这些话题的人，多数不了解那里的真实面貌，只凭自己的愿望发表意见，而且表达意见的时候似乎越激烈越显出"政治正确"和"价值观优势"。实际上，在新疆、香港发生的事，与民族、宗教、人权、自由这类文化信仰和价值观念没有关系。

中国处理新疆的事情，本质上是打击恐怖主义、阻止暴力和反对国家分裂。任何国家面临这类现象都会采取措施平息。

不知你看没看过 2019 年中国国际电视台播出的 50 分钟左右的英语纪录片《中国新疆：反恐前沿》？该片用大量真实画面，第一次披露了许多暴恐案件的原始视频。令人费解的是，对这部纪录片披露的真相，西方媒体选择了"集体沉默"，完全不予关注和报道。

在新疆发生的好事情，也属于西方舆论懒得关注的真相。新疆现有 2.4 万座清真寺，平均每 530 名穆斯林就有一座清真寺。2014 年以来，200 万维吾尔族群众摆脱了贫困。新疆的稳定和发展，使它在 2019 年吸引了 2.5 亿人次国内外游客。

这就是当前新疆的真实面貌，真实的"人权故事"。

问 推出香港版的国家安全法，外国舆论认为是改变了"一国两制"的制度设计，妨碍了香港人原有的自由。

答 这是一件逻辑和事实都很清楚、简单的事情。

2019年香港突然爆发"修例风波"，搞得那样厉害，公开提倡香港独立，呼吁外国政府帮助他们对付中国政府，甚至冲击中央政府驻港联络办公室。这些做法，肯定不能说是香港应该拥有的"自由"。

香港是中国的一个特别行政区，实行"一国两制"，并不意味着它可以脱离中央政府的管制。全国人大根据自身的责任制定相关法律，正是为弥补国家安全在香港的漏洞，全面落实"一国两制"的本来内涵。如果非要从人权角度说事，那么，这恰恰是维护香港稳定和安全的"人权故事"。

维护国家的统一和人民的团结，这是中国人最为珍贵的价值观。团结统一，在西方或许只是个工具，比如是球队、军队战胜对方的手段。可在中国价值观"剧本"里，它们是排在前面的章节，是实现其他价值追求的基础。

问 　亨廷顿《文明的冲突与世界秩序的重建》一书曾引用尼克松1994年说的话："今天，中国的经济实力使美国关于人权的说教显得轻率；10年之内，会显得不着边际；20年之后，会显得可笑。"你们大概会称赞尼克松的说法。

答 　可惜20多年过去了，如何看待中国人权，一些西方舆论还没有走出尼克松不赞成的那种狭隘思维模式。世界上没有放之四海而皆准的人权保障模式。在中国"人权词典"里，人民的幸福是最大的人权，首先要解决的是人民的生存权、实现人民的发展权，在此基础上坚持个人人权与集体人权有机统一，整体推进经济、社会、文化权利和公民权利、政治权利的平衡发展。

这是符合中国国情的"人权价值观剧本"。

问 **但人们觉得，中国价值观剧本演绎的人权故事，常常缺少人性的温度。**

答 这可能是个误解。人民至上、生命至上，是新时代中国价值观的新风景。2020 年抗击新冠肺炎疫情的斗争中，无论老幼，每一位患者的生命都得到全力护佑，救治成功的病例既有出生仅 30 多个小时的婴儿，也有 108 岁的老人。在湖北，治愈的 80 岁以上的老人便达 3000 多位。

人民至上、生命至上的价值观，演绎出许多温暖人心的故事。

在抗疫斗争最紧急的时候，武汉大学人民医院出现了这样一幕：来自上海援鄂医疗队的刘凯医生，推送 87 岁的患病老人王欣走出病房去做 CT 检查。走到户外，恰逢落日斜照，他特意停下推车，让老人静静地欣赏了一次久违的美丽景色。

在医护人员的细心照料下，痊愈出院的王欣老人一直希望能够再次见到拯救他的刘凯医生。半年多后，王欣来到医院，和刘凯见面了。落日时分，两人再次来到半年前看落日的位置，重现医患携手看夕阳余晖的温馨一幕。

习近平在抗击新冠肺炎疫情表彰大会上，这样总结中国人民的伟大抗疫精神："生命至上、举国同心、舍生忘死、尊重科学、命运与共。"这几句话，体现了个人人权与集体人权的有机统一。

问 **"个人人权与集体人权有机统一"，这种主张西方人不大理解。**

答 这是与西方单纯强调个人自由不太一样的地方。中国承认和维护个人自由，同时也提倡集体主义价值观。许多人习惯把自己的行为，放在集体成败、集体荣誉的背景中来选择。

2020 年的新冠肺炎疫情袭来时，人们最为熟悉的一句话是"没有从天而降的英雄，只有挺身而出的凡人"。一个叫甘如意的"95 后"女孩，是武汉一名社区医生。她已经回到湖北荆州家乡过春节，在武汉封城、道路封闭不再通车的情况下，硬是冒着寒风冷雨，骑着一辆自行车跑了4天3夜、行程300多公里，返回武汉投入工作岗位，接待病人。

问 　这样的英雄在其他国家也会出现，但西方人不会说是体现了集体主义价值观。

答 　西方把个人自由、个人优先摆在第一位，可能不习惯也不愿意从集体主义角度来定义这样的英雄。在中国，这样的价值追求是普遍的，而且是有传承的。

历史上，中国人注意培养家国情怀。所谓家国情怀，就是把个人、家庭、国家三方面的安危和命运、利益和价值，联通起来，你中有我、我中有你。这就是一种集体主义价值观。

每个人都有自己的姓名权，这也是一种人权。中国人的习惯是子女承续父亲的姓氏，如姓张、姓王、姓李，等等，父母按自己的愿望和诉求，再给孩子取一个名。在中国，不知有多少人在自己的姓氏后面，取了"建国""国庆""建军""援朝""跃进""文革"这样的名字，而每一个名字背后，都是国家的重大事件。

"建国"，是纪念新中国成立，或者是建设祖国的意思。"国庆"，大多是在10月1日新中国成立纪念日那天出生的；"建军"，大多是8月1日中国人民解放军建军纪念日那天出生的；"援朝"，大多是 1950 年 10 月至 1953 年抗美援朝期间出生的；"跃进"，大多是 1958 年经济"大跃进"运动期间出生的；至于"文革"，则是 1966 年至 1976 年开展"文化大革命"运动期间出生的。有一个著名的世界级乒乓球运动员，就叫"马文革"。这些，都是新中国的重大事件或集体记忆。

详细说说叫"建国"的人。

据统计，从 1949 年新中国成立至今，仅浙江一个省就有 42000 多人的名字叫"建国"。浙江省的人口规模是 5737 万，叫建国的人占到 0.073% 多一点。就是说，在浙江，1000 多人里便可能遇上一个叫"建国"的人。中国大陆总人口是 14 亿，该有多少人叫"建国"呢？如果有兴趣去翻阅只有 205 人的中共十八届中央委员会的名单，你会发现，不同姓氏叫"建国"的人就有 4 位。

这些叫"建国"的个人命运、奋斗轨迹，他们和国家的关系，很生动地诉说着当代中国价值观"剧本"的故事。

有位 1991 年出生的石建国，是叫"建国"的人中为数不多的"90 后"。他告诉记者，自己也认识几个同名的人，但最年轻的也有四五十岁。"我生在河南濮阳的农村，父母亲是地地道道的农民，没有什么文化，给孩子取名也比较简单，我叫建国可能就是爹妈希望我能建设祖国。能给社会做点贡献。"

石建国没有考上大学，先后在云南做过汽车修理工，在新疆做过架桥工人，在上海的造船厂当过电焊工。他心里一直揣着一个"书法梦"。2013年，他跟着两个哥哥在浙江温州的一个建筑工地上当抹灰工，一干就是5年。他在驻地工棚外搭了个简易桌子，下班后便铺上废报纸，拿起毛笔练习书法。几年下来，他的字写得有模有样。

2017年5月，石建国在一个短视频网络平台注册，取名为"温州抹灰哥小石"。工友录下他练习书法的小视频，传到网上。他常常穿着沾满泥灰的工服、踩着一双工地雨靴，有时手上和头发上还沾满粉尘，就这么灰头土脸地开始直播了。2018年夏天，杭州一家建筑公司的老板在网上看到石建国的视频，邀请他到杭州工作。此后，每到过年的时候，石建国都会写下几百副对联和"福"字送给公司的员工，成为同事们回家行囊里一份特别的"年货"。

石建国说："我只是一个普通的建筑工地抹灰工，并不奢望有一天会成为书法家，但我觉得能一直坚持自己热爱的东西，是一件很厉害的事！"

这就是大多数中国人生存和发展的真实面貌，从中读出他们的人生价值观，并不难。中国的发展和未来，就是靠无数个普普通通的"建国"们，支撑起来的。

问 　　石建国的故事，文化味道很浓，给人的感受确实特别。

答 　　我不是想说，当代中国的价值观"剧本"演绎的都是正能量的高尚故事。更不是想说，只有中国文化体系中的价值观才是最好的。

　　在历史上相对封闭的时代，每种文明都有可能把自己的模式视为人类发展的价值高地。但在今天，人们有了更多比较和参照，因而也有了更多的创新和发展，并且意识到保存、维护、复兴某种具有独特性的文明体系和价值观，并不意味着需要顽固坚持一些不合时宜的东西。

问 　　你觉得当代中国社会的精神文化，还有哪些方面需要改变和提升？

答 　　今天的社会文明程度和旧中国相比，当然是云泥之别，不可同日而语。但离我们的设想，离现代化的要求也不是没有距离。

　　和物质文明相比，精神文明的提升要复杂许多。衡量它的发展水平，或对它进行价值评判，涉及这个社会的传统文化、现实国情、生活习俗、道德规范、法治精神、科学意识等方方面面。

总的来说，现代化国家的国民，应该普遍拥有从容自信的心态，应该普遍把国家倡导的核心价值观，落实到细腻的生活层面，应该普遍实现人的现代化和全面发展。

比如，可能是穷怕了，改革开放后，赚钱至上的风气很甚。搞市场经济所需要的法制观念和诚信意识，还没有普遍树立起来。前段时间揭露出来的贪腐官员，有好几个都把自己升官发财的前途寄托在抽签拜佛或迷信风水上面。要知道，他们都是受过高等教育、被称为"社会精英"的人。

在社会治理领域，人们处理公共空间中的人际关系容易强调情理，忽略规范；重视情面，轻视是非。这种传统习俗，潜藏着法律和道德风险。

有位医生乘电梯时，劝阻同乘的一位正在吸烟的老者不要吸烟，说电梯里明明写着"禁止吸烟"。这位老者不听，出电梯后两人又争论了几句。老者突发心脏病，不治身亡。老者的家属由此起诉那位医生，要求赔偿。

老者家属为什么会理直气壮地起诉维护公共空间秩序的人？因为他觉得父亲死了，自己是受害一方，法律应该维护受害者的权益。要在过去，法院大多采用"和稀泥"的办法来调解或判决，让那位医生多少赔偿一些了事。

新时代中国，开始改变轻是非的习俗，重塑社会公共空间的价值规则。法院没有按"受害者"意愿判决，没有让守法者——维护秩序的人，为他人的过错买单。

"地球村"需要新构想

问 **从文化角度，谈谈中国和世界的未来。**

答 那就从联合国说起吧。第二次世界大战后成立的联合国，代表世界各国和平发展的利益。中国作为联合国安全理事会常任理事国，深知这个组织的运转效力关系世界的命运。

从 2019 年起，中国在国民平均收入仍然处于世界中下水平的情况下，向联合国缴纳的会费、为国际维和行动摊款份额，分别达到了 12% 和 15.2%，成为仅次于美国的第二大联合国会费缴纳"大户"。

中国为什么这样做？因为心中有个梦想。

2015 年，在联合国成立 70 周年的时候，中国国家主席习近平在联合国大会上发表演讲，提出构建"人类命运共同体"。2017 年，他又以《共同构建人类命运共同体》为题，在联合国日内瓦总部发表演讲，再次重申：构建人类命运共同体，关键在行动。要坚持对话协商，建设一个持久和平的世界；坚持共建共享，建设一个普遍安全的世界；坚持合作共赢，建设一个共同繁荣的世界；坚持交流互鉴，建设一个开放包容的世界；坚持绿色低碳，建设一个清洁美丽的世界。

关于"世界"的这 5 个憧憬，既是构建人类命运共同体的途径，也是它应该拥有的模样。

2017 年，这个关于人类未来命运的"中国方案"，写进联合国安理会 2344 号决议文件。2018 年，中国把推动构建人类命运共同体，写进了"宪法修正案"，正式上升为国家意志。

问 中国为什么提出构建人类命运共同体？

答 提出这个目标或者说是梦想，与人类和平与发展的共同愿望有关；与人类面临的共同难题和挑战有关；与新兴市场国家和发展中国家的崛起有关；与科技进步潮流带来的相互交融的新发展业态和新发展模式有关。

推动建立人类命运共同体，还有文化和价值观方面的依据。全人类有许多共同的价值追求。不同经济发展水平、不同文化背景、不同政治制度的国家，有一些相同的善恶标准。比如，都崇尚自由、追求公正、爱好和平、向往安定和富足的生活、爱护大自然，都摒弃奴役、压迫、暴力、贫困、环境破坏，等等。为此，新时代中国提出了一个还没有引起西方人特别关注的新概念："全人类共同价值"，其内容包括和平、发展、公平、正义、民主、自由。这既是世界政治共有的文化基础，也是构建人类命运共同体的价值基础。

中华文化本来就拥有开放包容的深厚土壤，天然地亲近和谐相处、共谋未来。这是中国愿意并且能够提出"人类命运共同体"方案的文化条件。

问 **各国立身处事，各怀利益诉求。如果缺少利益共同体，各国很难志同道合地去构建人类命运共同体。**

答 拥抱命运共同体，当然会有利益的比较、选择和得失。中国方案力求切近人类利益的最大公约数，主张寻找和扩大各种文明背景的"利益汇合点"，去构建不同领域不同层次的"利益共同体"，然后去掌握未来必然会看得见的共同命运。

实际上，中国和世界已经开始创作这样的"文化剧本"。

2019年8月，一部美国出品的纪录片《美国工厂》，像一个万花筒展示出中美两国产业变迁、文化碰撞，进而彼此发现和包容的图景。

美国俄亥俄州的代顿市，许多居民世代都在当地一家通用汽车公司装配厂谋生，有钱买车、度假或者供孩子读大学。虽然没有人能通过这份工作发大财，但他们有尊严。

2008 年，工厂倒闭，工人失业了，代顿市失去了活力。来自中国的福耀玻璃集团买下通用汽车废弃的厂房，把它改造成全球最大的汽车玻璃单体工厂。2016 年正式投产后，戏剧性地扭转了当地人的生活。

代顿人感谢福耀集团为当地创造了 2200 个工作岗位。但他们的感情是复杂的。他们发现中国同事每天工作 12 个小时，每周工作 6 天甚至 7 天，不希望自己也这么辛苦。

影片导演博格纳尔和赖克特说："我们希望美国公众能够通过纪录片理解中国劳动者，中国观众也能理解美国劳动者。这部影片可以成为两个伟大文化以及两国劳动者相互了解的桥梁，让他们明白，虽然他们背景不同，但他们其实有许多共同之处。"

影片放映后，北京的《新京报》采访了中国福耀集团董事长曹德旺，他说：纪录片里一个在贴玻璃膜的中国女工说，她每天工作 12 个小时，一年回中国老家两次。实际上，在外面工作的人，一年也就回家两次，这在全中国都是一样的，但是美国人不能理解，这是文化差异。

怎样提升美国工人对中国工厂的认可度呢？曹德旺的代顿工厂开始提供免费午餐，希望员工在工厂里"有家的感觉"。欧美企业很少这样做。曹德旺说："想让员工爱企业，企业要先学会爱员工。"在代顿工厂设立的免费餐厅里，既提供西餐也提供中餐，西方人爱吃的面包和中国人爱吃的饺子都有。美国工人可以选择饺子，中国工人也可以选择面包。

2020 年 1 月 6 日，福耀代顿工厂举行了一场规模不小的活动。中国驻纽约总领事黄屏先生来了，他说："尽管我们在文化、历史方面有很多不同，国家发展方式也不一样，但并不意味着我们不能携手共进。"

美国俄亥俄州州长迈克·德瓦恩先生也来了。他向曹德旺颁发了一封认可函，肯定中国福耀玻璃集团投资办厂给当地经济带来了积极影响。他说：

不管背景有多不同，双方其实有许多共同点。

当来自不同国家的人们为共同目标而共同努力时，好事情就会发生。

| 问 | "不同国家的人们为共同目标而共同努力时，好事情就会发生。"这位美国州长说的话似乎很有道理。

| 答 | 确实，中国为推动构建人类命运共同体做的许多事情，包括共建共享"一带一路"，秉持的就是这种理念。

用中国文化来解释，"命运共同体"是关于"道"的方案，"一带一路"是关于"术"的方案。"道"是方向和原则，"术"是方式和途径；"道"是面向未来的文化主题，"术"是走向未来的故事情节。

问 　　你既然提到"一带一路"建设，中国当初提出这个倡议有什么考虑？

答 　　"一带"，是建设"丝绸之路经济带"；"一路"，是建设"21 世纪海上丝绸之路"。一个是中外陆上沟通桥梁，一个是中外海上沟通桥梁。中国拥抱世界、世界走进中国，不是中国人现在才有的梦想，而是中华文明土壤原本就有的成色。

　　习近平 2013 年 9 月在哈萨克斯坦第一次提出"丝绸之路经济带"倡议时，是这样开始的："我的家乡陕西，就位于古丝绸之路的起点。站在这里，回首历史，我仿佛听到了山间回荡的声声驼铃，看到了大漠飘飞的袅袅孤烟。"历史文化情怀，溢于言表。

　　2007 年，在广东珠江口外的海底，打捞出一艘沉睡 800 多年的南宋时期的商船，取名为"南海一号"。考古学家的结论是，这艘当时世界上最大的商船，原本是从福建泉州出发，前往新加坡、印度等国家或中东地区做生意的，但出海不久就沉没了。它是唯一能见证古代海上丝绸之路模样的远洋贸易商船。船舱内完整地保存有 6 万至 8 万件文物，包括瓷器、丝绸、钱币、竹木漆器、金银器品等生活用品。这些文物，无声地诉说着南宋时期中国人的生活场景，也透露出 800 多年前中外沟通的一些历史秘密。

　　共建"一带一路"，就是这样挟带着历史底蕴和文化气韵，被中国人提出来的。

这个倡议，最初是推动欧亚地区互联互通的计划，现在已经成为一个平台，向所有愿意加入的国家和地区开放。它不仅是经济贸易平台，也是人心相通、文化交流的平台。古人能够做到的事情，今人也是能够做到的。

如今，"一带一路"的轮廓和框架在实践中已经比较清晰了，就好像是一幅中国画，绘就了"大写意"，接下来是要聚集重点、精雕细刻，打造成一幅"工笔画"。

问 **"一带一路"建设，具体有什么成效？**

答 "一带一路"建设带来的，是一种新型全球化方向。

如今，在中国和欧洲之间奔驰的货运火车，每年达 1 万多列。每列只需要一次报关、一次查验，就全线放行，通达欧洲 15 个国家 44 个城市，把商品交易的时间缩短了一个星期。

这是"地球村"里，颇为壮观的"血脉畅通"景象。

中国的华能集团，在巴基斯坦旁遮普省的萨希瓦尔，修建了两台 100 万千瓦超临界高效机组，改善了旁遮普省的缺电情况，同时还为当地提供了大约 400 个工作岗位。工人的工资，超过当地县长的工资。在柬埔寨，华能集团用 6 年时间修建了一座大型水电站，当地很多旱地变成了水田，开始种植起水稻。

中国先后在"一带一路"沿线国家建设了80个经济贸易开发区，为当地创造几十亿美元的税收和几十万个就业岗位。

这是"地球村"里，让人感到温暖的"命运相通"景象。

共建"一带一路"倡议，源于中国，但机会和成果属于世界。

中国帮助肯尼亚修建了全长470公里的铁路。在首都内罗毕到港口城市蒙巴萨列车的始发仪式上，肯尼亚总统肯雅塔说："100年前，英国人创造了历史，他们在这个国家搞殖民，修了一条哪也去不了的铁路，被称作'疯狂快线'……今天我们庆祝的绝不是'疯狂快线'，而是将塑造肯尼亚未来100年的'马达拉卡快线'。"

"马达拉卡"，在斯瓦希里语里是"自由"的意思。

问 你前面说到"地球村"，中国人似乎把世界看得越来越小。

答 这是个比喻。不可抑制的技术进步，使世界各国之间越来越像每天早晨起来都会见面打招呼的熟人。相互之间，也难免说些东家长、西家短的闲话，但邻居家里遇到什么难事，也会施以援手。与各家相关的公共事务，越来越需要共同商量才能办成。一句话，世界各国，越来越像一个命运相关、互相依存的"村庄"。

在"地球村"里，互联网像神经，全球化像血脉，和平与发展像心脏驱动，各种利益的交汇互动犹如四肢，越来越把人类重塑成看起来像是一个能够相互给力的"生命共同体"。

这是人类拥抱未来，很可能遭遇的新型文明土壤。

遗憾的是，这个"生命共同体"的"大脑"，还没有发育成熟，还没有和身体的其他部分出现整合。就像人们常说的，有的人"身体"已经进入 21 世纪，"大脑"却停留在爆发过两次世界大战、出现过长达将近半个世纪冷战对峙的 20 世纪。于是，共同体的"想法"，目前还不能和神经、血脉、心脏、四肢真正连通起来。

人类命运共同体是一个理想化、超越性的设计。贡献这一设计的习近平说："构建人类命运共同体是一个美好的目标，也是一个需要一代又一代人接力跑才能实现的目标。"

拥抱未来，需要想象力和目标，更需要有向这个目标迈进的大脑思维和自觉。在这段看起来充满不确定性的旅行中，人们是走向文明和价值观认同度越来越高的"地球村"，还是走向生活在文明和价值观越来越冲突的"阵地"？

这早晚都是个问题，人们也早晚会作出选择。

第七章

变局——中国与世界

历史不会重复，但总在押韵。

——马克·吐温（美国作家）

我说中国许多人对取代美国没有那么大的兴趣，结果会上的人都笑了，说谁能相信呢？我只好反问："难道国际社会真的希望中国成为美国吗？世界需要再出现一个美国吗？"这回大家又笑了。

美国代表有点不快，说："美国怎么啦，美国是维护世界和平的。"大家笑得更厉害了。

——傅莹（中国外交官）

百年变局：未来已来？

问 　　**中国的崛起，不仅改变了自身，似乎也改变了它和世界的关系，给世界带来了一些烦恼。**

答 　　我曾在美国报刊上读到这样一个故事。有一个叫萨拉·邦焦尔尼的美国记者，在 2004 年的圣诞节忽然发现家里 39 件圣诞礼物中，"中国制造"有 25 件。这让她很困惑。于是，她从 2005 年 1 月 1 日起，带领全家开始尝试一年不买中国产品的日子。谁承想，没有中国产品的这一年是糟糕的一年，全家人都盼着早点结束。到 2006 年 1 月 1 日，萨拉一家终于结束了实验，与中国制造"重修旧好"。

　　这是很有趣的"实验"，但它只说明中国产品在世界上的影响力。中国和世界的关系也确实在发生变化，但这不是人们生出烦恼的根本原因。

　　其实，当今世界面貌的改变，不比中国面貌的改变小。世界的变化，让一向紧跟时代潮流的中国，也开始感到陌生。"世界怎么了，中国怎么办？"成为中国人经常谈论的话题。

　　世界怎么了？答案是世界发生了"百年未有之大变局"。

这是习近平 2018 年 6 月作出的一个重要判断。

问 　**对世界作出这个百年变局的判断，有什么依据？**

答 　19 世纪 70 年代，一位叫李鸿章的朝廷大臣几次告诫中国人，说中国遭遇了"三千年未有之大变局"。这个判断，指当时中国遭受空前冲击，国家地位发生根本改变；也指西方工业文明对东方农业文明，占据了绝对优势和主导地位。

从此，中国人对国际局势的变化，一直都很敏感。21 世纪，特别是 2008 年开始的世界金融危机，导致国际格局出现新的变化。变化到今天，中国作出"百年未有之大变局"的新判断。

不光是中国作出新判断，一些国际政要也清楚地表达过类似看法。

法国总统马克龙 2019 年在其外交使节会议上明确提出："我们已经习惯了一种自 18 世纪以来，以西方霸权为基础的国际秩序。"但目前世界面临的"是一次国际秩序的转型，一次地缘政治的整合，更是一次战略重组"。"是的，我必须承认，西方霸权或许已近终结"。

问 **眼前这个"百年未有之大变局",有什么特点?**

答

百年变局的实质,是国际力量出现深刻调整。

一批新兴市场国家和发展中国家参与到第三次工业革命的进程当中,呈现群体性发展势头,促使国际政治经济格局发生变化。"西强东弱"局面还没有根本改变,但近代以来西方发达国家主导世界的绝对优势逐步变为相对优势。西方"七国集团"虽然继续发挥作用,但"二十国集团"的分量越来越重。

全球经济增长的重心开始从欧美转移到亚洲,并外溢到其他发展中国家和地区。美国前国务卿希拉里·克林顿甚至说:"21 世纪的大部分历史都将由亚洲书写。"美国前财长萨默斯判断:"亚洲的崛起以及随之而来的一切,将成为此后 300 年史书中占主导地位的故事。"

百年变局的灵魂,是世界政治多极化和文化价值观多元化,这种趋势越来越明显。

东西方冷战时期,中间确实有道铁幕,从政治、军事、经济和文化上把两个世界隔开。现在的情况是,原属东方阵营的各个国家,走上了不同的发展道路,而西方世界也未必是一个整体了。基辛格有句名言:我要给欧洲打个电话,却不知道打给谁。英国退出欧盟,和欧洲大陆渐行渐远;欧洲与美国的关系,似乎也零乱起来。一些西方国家内部,民粹主义兴起,社会分裂和族群对立的旋涡越来越大。

　　盛行几百年的"西方中心论"，受到挑战。法国总统马克龙感慨，新兴国家"不再迷信西方的政治，而是开始追寻自己的'国家文化'。这和民主不民主无关"。"当你的价值观无法再对新兴国家输出时，那就是你衰落的开始。我认为目前这些新兴国家的政治想象力，是高于我们的。政治想象力很重要，它具有强大的凝聚力内涵，能够引出更多的政治灵感。"

　　百年变局的"风向标"，是大国关系的变化。

　　百年变局的不确定性，像幽灵一样在全球徘徊。如果说块头小一些的国家还能够比较灵活地作出选择，那么，大国却很难做到随波逐流，容易成为各种利益和矛盾叠加的焦点，由此导致世界上大国关系纠结变化，相互博弈之势加剧。

　　俄罗斯总统普京，2020年10月22日在瓦尔代国际辩论俱乐部会议视频交流中说："苏联已经不复存在。但俄罗斯还在。就经济体量实力和政治影响力而言，中国正积极朝着超级大国的地位迈进，德国也在朝着同一方向前进，德国已成为国际合作中越来越重要的参与者。同时，英国和法国在世界事务中的作用发生了明显变化。某种程度上绝对主导着国际政治的美国，再也不能声称自己与众不同了。美国真的需要这种例外主义吗？像巴西、南非和其他一些类似强国也已经变得更有影响力了。"

　　马克龙也说："我们必须承认，中国和俄罗斯在不同的领导方式下，这些年取得了巨大的成功。印度也在快速崛起为经济大国，同时它也在成为政治大国。"

百年变局的重要驱动力，是新一轮科技革命和产业革命。

新一轮科技革命，催生大量新产业、新业态、新模式，加速重塑世界。人类生产活动、生活方式和国家间竞争形态开始变化。互联网让世界变得更小，成为"地球村"；芯片革命让世界变得更快，人们动动手指就能完成许多复杂的工序；扑面而来的人工智能，让世界变得更智慧，人们觉得这可能是一种"人类学"的变化，由此引发"自己还将是不是自己"的哲学疑问。

问 **这个百年变局，给世界发展带来哪些明显的消极影响？**

答 当今世界，有四个方面的明显"赤字"，即"信任赤字""治理赤字""和平赤字""发展赤字"。

所谓"赤字"，就是人类共同的正面需求和正常秩序遭遇到挑战，应有水平出现了"亏欠"。比如，国家关系上信任缺失；和平被冲突的阴霾覆盖；全球治理不适应百年变局的需要，亟待调整和完善。

从"发展赤字"看，世界发展成就有目共睹，却遭遇贫富差距拉大的危险。2020年1月，全球发展与救援组织联盟"乐施会"发布最新研究报告称，1%的顶级富豪拥有 69 亿人财富总和的两倍。即使有人从建造埃及金字塔开始，每天存 1 万美元，到现在积累的财富，仍比世界上最富的 5 个人少 80%。

消化各种"赤字"的变革进程，充满不确定性。一些国家的选择出现有趣的变化：曾经相对封闭的国家，现在倡导开放融合；曾经主张自由贸易的国家，现在大搞贸易保护主义；曾经热衷全球治理的国家，现在强调自己优先；曾经致力于多边主义的国家，现在大搞单边至上。

就像诺贝尔文学奖获得者埃利亚斯·卡内蒂说的："旧的答案分崩离析，新的答案还没有着落。"

问 百年变局中，以中国为代表的新兴市场国家和发展中国家，成为国际格局的重要力量，难道它们又要回到冷战时期，成为与西方对峙的一方？

答 确实有人至今还保持着美苏两大阵营对峙的冷战思维。百年变局中，最有动力和意愿并且有实力重新演绎老旧棋局的，是美苏两大阵营冷战结束时的赢家。

冷战思维在新兴市场国家和发展中国家没有市场。它们在历史上曾是被西方"发现"进而被动塑造自身的国家，但多数并没有得偿其愿，它们没有实力和意愿去搞任何形式的"冷战"，它们并不迷恋和一味追求自己的"声量"增加，更不想"唱衰西方"。

在二十国集团架构下，中国倡议提高新兴市场国家在国际经济组织中的决策地位；金砖国家主张国际体系多极化，国际关系的民主化，追求更包容、均衡、公正与可持续的国际经济秩序。这些是合理的要求，也是百年变局的应有之义。而且，所有国家都明白，这是个长远的历史进程。

不走零和博弈的老路，走互利共赢的新路，这是百年变局往何处"变"的原则和方向。

问 **百年变局中，难道就没有不变的东西？**

答 大变局不是所有的东西都要变、都会变。西强东弱的经济政治格局目前没有变，人类和平与发展的时代主题不会变，民族国家的基础性地位不会变。

在变局中尽管出现"逆经济全球化"现象，但经济全球化趋势也不会变。拿产业分工来说，30 年前，全球贸易中，制成品贸易占比超过了 70%，而今天制成品贸易只占总贸易的不足 30%。现在不是谁生产汽车、谁生产飞机、谁生产电脑、谁生产手机、谁生产鞋帽袜子的问题，而是谁生产轮胎，谁生产发动机、谁生产玻璃、谁生产电子仪表、谁生产电脑芯片、谁生产布料的问题。

　　世界的现代化潮流，已经进入如果没有产业分工和产业协作，就难以运转的时代。

　　"变"局不是"定"局。"变"中如何"定"，往何处"定"？还有不确定性。就是说，百年变局，预示着"未来已来"，只不过，人们现在还不完全确定它将来的样子。

中国与百年变局

问 　　**你说百年变局的重要标志，是新兴市场国家和发展中国家成为越来越重要的国际力量。你觉得它们的发展，和历史上西方的崛起过程有什么不同？**

答 　　这些国家的发展，是在西方主导的既有体系中实现的。它们适应和把握住了有利于和平发展的历史机遇，依靠自身的积累、勤奋与学习，从参与低层阶的国际分工开始追赶。在追赶过程中，这些国家没有依靠战争扩张和殖民掠夺，更不可能依靠对资金、技术与市场的垄断。

问 　　**中国的发展也是这样吗？**

答 　　当然。中国把握住了经济全球化的历史机遇，将自己融入世界。从产业链的低端做起，甚至不惜以生产 8 亿双球鞋的出口所得，来购买一架美国的波音飞机。2001 年加入 WTO，中国的发展与经济全球化进程更加紧密相连。中国从国际贸易体系内一个轻量级的成员，快速跃升为全球第一大贸易国、全球最重要的制造业生产基地。

中国走的是一条和平发展的道路，是靠独立自主、改革开放、互利共赢，让自身发展起来的。

问 怎样定位中国在百年变局中的角色和位置？

答 中国的发展是世界百年变局的重要组成部分。中国更多的是通过改变自己来改变世界，特别是通过创造一条中国式现代化道路，创造一种人类文明新形态，来影响世界的历史进程。

问 这个口气是否大了些？

答 实际情况真的是这样的。我们之所以敢于这样讲，背后的逻辑是：中国式现代化道路破解了人类社会发展的诸多难题，比如，我们的现代化，不是走西方以资本为中心的老路，不是走西方两极分化的老路，不是走西方物质主义膨胀的老路，更不是走西方对外扩张掠夺的老路。不走西方老路，它自然就是一条中国式的新路。这条新路明摆着拓展了发展中国家走向现代化的途径，为世界上那些既希望加快发展又希望保持自身独立性的国家和民族，提供了新的选择。

当然，别人的选择，重点或许在经济发展方式和路径上面，但经济发展的动能从来不只是集中在物资和技术层面，它的背后必然有理论、制度、文化等方面的基础支撑。正是在这个意义上，我们说中国式现代化道路实际上承载了一种新的文明形态。

中国通过改变自己而影响世界历史进程，其背后的叙述逻辑还包括，在百年变局中，中国的事可能成为世界的事；世界的事也可能成为中国的事。占世界人口五分之一的中国，是贫是富、是稳是乱、是分裂还是统一、是封闭还是开放，都会成为"世界问题"。

这种情况下，谁还会把中国的事和世界上的事分开来打量呢？

消除绝对贫困，保持国内稳定，不仅是中国自身的成就，对世界也是重大利好。如果中国不采取非常措施减贫扶贫，恰好又遭遇内部动荡，会跑出大量难民，肯定会给西方发达国家添乱，西方国家的人民是不会愿意的。

发展起来的中国，对世界作出的贡献越来越多。中国对全球经济增长的贡献率连续10多年保持在30%以上，成为世界经济增长主要动力源。中国已超额完成加入WTO时的各项承诺，平均关税大幅下降，接近发达国家水平。中国2018年的碳排放强度比2005年下降45.8%，提前实现对国际社会的承诺，成为全球因应气候变迁的骨干力量。

中国人经历过受穷挨饿的滋味，在自己的日子相对好过起来后，从 2006 年起，成为仅次于美国和欧盟的第三大粮食援助捐赠方，先后派出几万人次的农业专家，在全球近 100 个国家建立了农业技术示范中心、农业技术实验站和推广站。中国非但没有对世界粮食供应造成威胁，还为全球粮食生产贡献出"中国方案"。

中国更多的是通过各种各样的国际条约，主动把自己的事和世界的事连在一起。从新中国成立到 2018 年，对外缔结了 25000 多项双边条约协定，参加了 500 多项多边条约协定。这些条约规范的对象不断扩展，从南极到北极，上至外空下达洋底，大到维护和平小到保护稀有物种，涉及政治、经济、文化、社会、生态各个方面。中国在国际体系中扮演的角色，已经从"旁观者"变为"参与者"，进而成为全球治理的"推动者"和"贡献者"。

签订条约协定是一回事，能不能遵守是另一回事。一个负责任大国的形象，根本上是靠能不能遵守条约协定塑造起来的。中国的形象是"说话算数"，条约一旦签订，便老老实实地去履行。这和美国在自己优先的考量下，只履行对自己有利的约定，甚至动不动就要退约、"退群"的做法，是不同的。

在一些重要的国际舞台，诸如二十国集团领导人峰会、亚太经合组织领导人非正式会议、金砖国家峰会、上海合作组织峰会、达沃斯论坛、"一带一路"高峰论坛、亚洲博鳌论坛，等等，中国不断提出一些倡议、作出一些承诺，为适应百年变局提供方案，为遭遇困难的经济全球化注入动力，为滞后的全球治理机制增添活力。

当然，也需要量力而为。国际上有人开始用发达国家的标准来审视中国，进而提出要事事"对等"。要求一个刚发展几十年仍然属于发展中的国家，同发展了几百年的发达国家"对等"，就像一场百米赛，一方已跑出 50 米，却要求与刚刚起跑的选手"对等"，确实不是一个合理的建议。当然，假以时日，中国是会跑上来的，对世界的贡献也会更大。

通过改变自己来改变世界，是一个慢慢积累的过程，不是说中国改变了，世界就马上会改变。

问 中国仍然把自己定位为发展中国家，人们觉得不准确。看中国越来越自信的气势，有人觉得，中国开始了针对全球的战略扩展，中国的外交好像也和过去不一样了，变得强硬起来，有人说是"战狼式"外交。这些，与"通过改变自己来改变世界"是抵触的。

答 百年变局让更多的国家发出自己明确的声音。世界越来越像一个乐队，有的国家一直在领唱，有的国家参与高音部的唱法，有的国家参与低音部的唱法，复杂的音乐主题，还会出现多元的有时候看起来不那么和谐的唱法。只不过，参与合唱的中国，因为体量太大，它一出场，展示的身影和唱出的声音，给人的印象鲜明一些罢了。

现在发达国家的人口有多少？欧盟 28 国共 5.12 亿，北美（美国和加拿大）3.64 亿，日本 1.27 亿，澳大利亚和新西兰 0.3 亿，还有已经发展起来、曾被称为"亚洲四小龙"的国家和地区，有 0.9 亿。这就是全世界发达社会的总盘子，一共大约 11.2 亿人口。

一看就明白，发达社会的总人口，比中国大陆 14 亿人口还少。14 亿人口参与百年变局的"合唱"，不管在高、中、低哪个"音部"，世界都不难听到他们的声音。

说出现"战狼式"外交倾向，是一种误解。中国的和平外交方针从来没有改变。在国际舆论格局中，中国始终处于弱势和守势。对某些国际舆论，确实表达过不满，基本上都是在遭遇攻击和诬蔑的时候被迫作出的反击。没有说软话，不等于就是"战狼式"外交。只不过，中国人的自信，使他们可以"平视"这个世界了。

还可以再说透一些。过去美国和西方对中国相对"克制"，最根本的原因也不是中国人"韬光养晦"和"委曲求全"，而是中国的实力还很孱弱，不足以引起美国的担忧。如今，随着百年变局的到来，美国已经实现对中国战略态度的根本性逆转，中国靠"韬光养晦"和"委曲求全"以换取良好外部发展环境，已经变得越来越困难了。

面对来自外部的步步进逼，一会儿是中国南海的事，一会儿是中国香港的事,一会儿是中国新疆的事,接下来,还会有这样那样的"事",成为打压和"制裁"中国的借口。中国纵然是一味谋求妥协,也缓解不了强势进逼,不得不暂且来一个"打得一拳开,免得百拳来"。这样做,西方世界感到不太习惯,不难理解。在中国人眼里,倒也是正常的事情,奉行"和平外交",并不排斥"据理力争"。

问 中国有一个提法,说自己"日益走近世界舞台中央"。有人担心,中国想成为国际体系的主宰者。

答 "日益走近世界舞台中央",后面还有一句话,"不断为人类作出更大贡献"。两句话连在一起,完整的意思是,中国的国际地位在不断上升,越来越深度地参与国际体系,也越来越能够为人类作出与自己的国际地位相适应的贡献。

这是一种充满道德感的国际胸怀。早在新中国成立后不久,毛泽东就说过,中国发展起来后,才能对人类作出更大贡献。所谓贡献,就是前面说的,为完善全球治理体系尽自己的力量,为世界提供更多的公共产品,而不是主宰世界秩序,更不是像某些大国那样去扮演道德仲裁者的角色。

大国的发展,会吸引世界舞台的灯光,比从前更多地投映到自己身上。"走近世界舞台",指的就是这种必然趋势。中国人是谨慎的,说的是"走近",也就是靠近的意思，而不是听起来容易误解的那个"走进"，那是"进入"的意思。在中国语言里，"走近"和"进入"是两个不同的概念。也就是说，中国并没宣称自己要进入世界舞台中央扮演主导角色。

全球治理的话语权，根本上还是西方在主导。作为最大发展中国家，中国只是希望自己的关切能够让世界明白和理解。某些做法虽然也带来国际影响，但中国的目的，不是也不可能是把现有的国际体系推倒重来，重新撰写完全不一样的"剧本"，而是和各国一道努力去完善既有的"剧本"，让百年变局往好的方向发展，让这个世界变得更好。

问 **不重塑国际体系，或许是因为中国还处于崛起过程中，将来很难说，有人担心出现"权力转移"。**

答 百年变局的实质，不是权力转移。

多元并存是中国传统的处世哲学。历史上，中国曾经历几百年的"战国七雄"并存时期，每个诸侯国都试图崛起。当时有两种崛起途径，一种是"王道"，靠仁义和公平竞争；一种是"霸道"，靠武力压制别国。虽然七国中的秦国，靠"霸道"崛起后征服了六国，但短短不到20年时间，原先被征服的六个诸侯国就叛乱了，秦朝迅速灭亡。

从那以后，在 2000 多年的时间里，历史学家都在研究秦朝崛起后迅速灭亡的原因，得出来的结论是：靠"霸道"，根本上不可能让一个民族、一个国家实现长治久安的稳定和复兴；只有靠"王道"的崛起，才会被别人接受。这个历史结论，影响至今。

西方喜欢用中国"崛起"这个概念，这样说也没有什么不对。中国人用得更多的概念是"复兴"。中国的复兴之道，与世界的和平发展之道"并行而不相悖"，是可能的。中国在自己的内政上，尚且会创造"一国两制"的构想和实践，肯定要比希望按自己的模式塑造世界的国家，更有雅量地看待事实上存在的"一球多制"。

西方有人担心，"未来会生活在一个由中国主宰的世界"。对这种担心，中国人感到很吃惊。百年变局中，世界权力在分散化、扁平化，而不是从一个国家转移到另一个国家。"权力转移"的观点是零和博弈的旧思维。中国主张世界多极化、国际关系民主化，维护多边主义，对权力游戏不感兴趣。

我注意到，西方一些朋友，事实上担心的是中国将来会变成另一个美国。这里，我想引述中国外交官傅莹女士曾谈到的一次经历：

在阿斯彭部长论坛上又谈到中国与美国的关系时，我说中国许多人对取代美国没有那么大的兴趣，结果会上的人都笑了，说谁能相信呢？我只好反问："难道国际社会真的希望中国成为美国吗？世界需要再出现一个美国吗？"这回大家又笑了。

美国代表有点不快，说："美国怎么啦，美国是维护世界和平的。"大家笑得更厉害了。

的确，世界有一个扮演主导角色的美国，就已经够麻烦了。人们真的不需要更不希望，跑出来另一个像美国那样在"地球村"里说话办事的国家。

问 **但中国的崛起，还是让人感到疑惧，无论是周边国家还是西方国家，都有一种焦虑，感到是一种威胁。**

答 对中国的崛起，有国家感到忧虑，是可以理解的。任何国家的崛起都会引发别人的忧虑，因为总会有利益上的交集和纠结。

比如，从2017年起，中国不再进口任何国家的垃圾废品。过去进口，是因为进口经过处理还能利用的垃圾，经济上比较划算，对自身环境的影响考虑得少一些。现在，中国产生的类似垃圾越来越多，而我们生存的环境再也经受不住损害，进口垃圾，在经济上也不划算了。

对中国来说，这是一种发展和进步。而一些利益相关国家却不得不另想办法处理自己的垃圾。它们有想法、有忧虑，很自然。如果在忧虑中，把中国的进步看成威胁，进而生出埋怨和敌视，甚至引申到国家生存和发展之争，那就离谱了。

没有一个国家天生欢迎别的大国崛起。特别是那些在发展水平上长期占绝对优势、长期拥有话语权、长期获得世界发展红利的国家，更不可能放松对任何一个崛起大国的警惕和焦虑。中国对此有心理准备，而且有足够的耐心，一点一点地把自己的事情做好。

能摆脱困扰吗？

问 似乎有必要专门谈谈中国和美国的关系。基辛格讲的"中美关系再也回不到过去"，常常被中国人引用。这大概是中美两国面对百年变局的一个困扰。当前的中美关系，应该如何描述？

答 亨廷顿在《文明的冲突与世界秩序的重建》中文版序言中说过这样的话："人类历史上，全球政治首次成了多极和多元化的。在这样一个多元化的世界上，任何国家之间的关系，都没有中国和美国之间的关系那样至关重要。"

中国也把中美关系看成最重要的双边关系，定位为最重要的"大国关系"。

中美两国，一个是最大的发展中国家，一个是最大的发达国家；一个综合国力迅速上升，一个实力依旧超强但显露疲态；一个努力获取与自身发展相称的影响力，一个很不情愿与他国保持平等和尊严的关系；一个拥有东方式的古老政治文化传统，一个饱受西方文明和基督教滋养；一个说要实现中华民族"伟大复兴"，一个说要让美国"再次伟大"。

两国之间出现各种各样分歧、摩擦，乃至一定程度的冲突，并不意外。

我比较赞成中国学者张宇燕的观点，他说：100 年后的历史学家，在回顾人类目前正在经历的这段历史变迁时，可能性比较大的是把百年变局概括为"以中国为代表的东方的复兴和以美国为代表的西方对东方复兴的回应"。

第二次世界大战结束后，美国的对华政策大致经历了四个阶段。

第一阶段是冷战格局下的"战略冲突"，到 1972 年尼克松访华结束。第二阶段是冷战格局逐步走向消解过程中的"战略靠近"，到 1989 年至 1991 年东欧剧变和苏联解体结束。第三阶段是 20 世纪 90 年代开始，在经济全球化背景下的"战略接触"。现在，美国已经正式放弃"战略接触"政策，转而采取一种尚未定义清楚的"战略竞争"或"战略博弈"，使中美关系进入第四阶段。

进入第四阶段的标志，是 2018 年美国政府相继发布的《国家安全战略报告》《国防战略报告》等政策文件。这些文件明确把中国视为主要对手、竞争者、修正主义国家，把中国和俄罗斯作为长期对手。美国对华政策的质变已经出现，中美关系进入不确定地带。这大概就是基辛格说的"中美关系再也回不到过去"的意思。

美国追求的是遏制为主、合作为次，或者叫作全面遏制、有条件合作。中国希望双方能够建立竞争与合作的关系，或者是有准备的平等竞争、有边界的平等合作。双方的选择，现在还没有形成定局，正在经历"阵痛期"。

问 一般认为，美国出现战略转变，是因为它觉得此前的"战略接触"失败了，不仅没有按预期的方向改变中国，反而让它崛起了。

答 战略接触没有改变中国是一个原因，但不是根本原因。1972年，尼克松和基辛格实现对华关系的突破，其初衷并不是今天人们说的那种天真期待，即通过接触改变中国的政治制度。美国的目的很现实，也很明确，就是在美苏冷战对峙中，通过和中国的接触，对苏联形成某种牵制，以加强自身的地位。

20世纪80年代末90年代初，苏联东欧发生剧变以后，美国才转而期望中国的发展方向发生改变。但无论中国是不是按美国的意愿塑造自己，只要中国仍在崛起，只要中国的发展让美国觉得对自己不利，它就不会坦然面对。

这不是孤立的推论。看看苏联解体后，美国如何对付俄罗斯就明白了。中国和俄罗斯是很不一样的国家，两个国家为数不多的相似之处在于：都是大国，都不想成为美国势力的范围，政治制度也与美国不同。任何具备这三个条件的国家，都会被美国视为竞争对手，实行战略遏制和政治打压。

如果一个国家仅仅是政治制度与美国不同，但服从美国的安排，它是可以容忍的；如果一个国家"块头小"，政治上的分歧对立也是可以容忍的；如果像中国、俄罗斯这样的大国，不跟着美国跑，还和美国存在制度上的差异，坚持走自己的发展道路，这便足以让美国有兴趣来遏制你，打压你。

问 **和中国搞"战略竞争"，美国应该具有其内在的依据和动力**。

答 一名叫李普塞特的美国政治学家，曾经写过一本叫《美国例外论》的书。我觉得，传统的"例外论"思维，是美国对外冲动的重要驱动力。

什么是"美国例外论"？"自由帝国""山巅之城""地球最后和最好的希望""自由世界的领导者""不可或缺的国家"，等等，这些，是历届美国总统和政要不断总结与灌输给民众的"关键词"。

这些关键词彰显了美国应有的自信，同时也塑造了美国看待外部世界的一个基本假设：美国在各方面是世界楷模，因而承担着特殊使命，注定且有资格在世界舞台上发挥独特的领导作用。我是"白"的，和我不一样的东西就可能是"黑"的，黑白之间不能相融。

人们不难发现一个有趣的现象，美国在国内声称讲民主，推行多样性，崇尚法制，看起来好像"讲道理"。

拜登 2021 年 1 月在总统就职演说中呼吁：

我们可以把彼此视为邻居，而不是对手。我们可以有尊严地互相尊重。我们可以联合起来，停止喊叫，减少愤怒。因为没有团结就没有和平，只有痛苦和愤怒。……让我们重新开始倾听彼此，看见彼此，尊重彼此。我们必须拒绝这种事实本身被操纵甚至被捏造的文化。

说得多好呵！可惜，这只是说给美国人听的。在处理国际关系的时候，还是习惯采用非常"不美国"的方式，忘却了对自身的期许和愿望，看不到"彼此"，也不再"倾听"，更难"有尊严地互相尊重"。谁不听话，就要"教训"谁，而且凭"拳头"说话，总是绕开联合国及其安理会的决议，对其他国家实施"长臂管辖"。

这样的"世界胸怀"，对任何新发展起来具备某种能力的国家，它拒绝、防止和遏制，也就在所难免。如果你说自己没有任何意愿和美国发生冲突，它是不会相信的，因为你具备某种能力，那就是你的意愿。在美国自身的经验中，"逢强必霸"是很自然的，于是，"修昔底德陷阱"的说法，在美国开始流行。

问 | **你怎么看美国学者提出的"修昔底德陷阱"这个说法?**

答 这是一个讨论大国关系的话题。修昔底德是古希腊公元前 5 世纪的历史学家,他写的《伯罗奔尼撒战争史》,记述了公元前 5 世纪发生的,以雅典为首的提洛同盟和以斯巴达为首的伯罗奔尼撒同盟之间的战争。经过长达 27 年的惨烈较量,雅典失败了,但胜利者斯巴达也未享受到胜利的果实,"希腊世界"从此由盛转衰。

修昔底德认为,"使战争不可避免的真正原因,是雅典势力的增长和因而引起的斯巴达的恐惧"。美国哈佛大学教授格雷厄姆·艾利森,把这句关键的话理解为:一个崛起中的新兴强国,必然对古老的霸主发起挑战,从而触发世界范围的冲突,冲突的结果会是灾难性的。

这就是"修昔底德陷阱"说法的来由。我疑心,有人利用学者的历史研究成果,当作阻击中国的借口。这个说法在相当程度上激活了冷战遗留下来的"零和思维",实际上成为"中国威胁论"的另一种表达。

问 | **难道你不觉得世界发展史上确实存在着这样一个"陷阱"吗?**

答 从历史上看,一个崛起的大国确实会引起既成大国以及周边国家的担忧，并出现矛盾，这是地缘政治的一个规律。如何化解所谓的"修昔底德陷阱"，对中美两国确实是一个严峻考验。

习近平多次申明中国的主张。2014 年 1 月接受美国《世界邮报》专访时，他说：我们都应努力避免陷入"修昔底德陷阱"。强国必霸的主张不适用于中国，中国没有实施这种行动的基因。2015 年 9 月在美国西雅图演讲中，他又提出：中美双方要"正确判断彼此战略意图"，要加深对彼此战略走向、发展道路的了解，多一些理解、少一些隔阂，多一些信任、少一些猜忌，防止战略误解误判。世界上本无"修昔底德陷阱"，但大国之间一再发生战略误判，就可能自己给自己造成"修昔底德陷阱"。

有的理念和观点，一旦被握有权力的人去尝试运用，原本不会发生的事情就有可能发生。"修昔底德陷阱"，很可能就是这样一个充满危险的预设。

提出"软实力"概念的美国战略学家约瑟夫·奈说，"修昔底德陷阱"这个论断，"在传达一种历史是不可避免的感觉，其实是十分危险的"。担任过美国驻华大使的洛德也说，"美国对中国崛起的反应过度了"。他们显然看到了把中美拖向这个"陷阱"的危害。

问 我感觉，美国对中国的抵触和不放心，已经不是个别人的选择。美国的政治精英，还有许多老百姓，似乎出现一种"不喜欢中国"的心理氛围。

答 美国老一代"知华派"，像费正清、傅高义这些学者研究中国，是从"有些好感"至少是"好奇心"开始的，继而研究中国的历史变迁和社会变化，从真相开始来评判。今天不少"少壮派"中国事务学者，好像不是这种套路了，他们研究中国，大多从媒体上扑面而来的"黑"中国的信息收集开始，而且急于把自己的想法和情绪传导给更多的美国民众。

美国现在处于战略焦虑期，不像以前那样自信了。一些不大理性的情绪、观念和声音通过政治体系的转化和输出，支配着美国的对华战略。

问 你说美国的一些选择有不理性的地方？

答 美国对中国做的事情，确实有不理性的地方。

华为集团是中国的高科技公司，这家公司的灵魂人物任正非，在瑞士达沃斯 2020 年年会上说过这样一段话：

华为原本是亲美的公司，华为今天之所以成功，绝大多数管理都是向美国学习的。我们雇用了几十个美国顾问公司，教华为怎么管理，使华为的整个体系很像美国，美国应该感到骄傲才是，它的东西输出给华为带来发展。但是，美国却采取能够采取的一切手段，来打压华为，禁止美国企业向华为出口技术部件，还游说欧盟和亚太盟友，禁止使用华为的5G技术。

2020年2月14日，在慕尼黑安全会议上，美国官员声称中国试图通过华为来输出"数字专制"，影响了西方国家的政治安全。中国外交官傅莹女士当场提问：中国改革开放以来引进了西方各种各样的技术，但政治体制并没有受到这些技术的威胁，为什么华为的5G技术到西方国家就会威胁到政治体制呢？"你真的认为民主制度如此脆弱，会受到华为这家高科技公司的威胁吗？"场上响起一片掌声，美国官员在回答这个问题时，显然有些力不从心，很吃力。

任何国家都会把自己的利益放在第一位，但世界毕竟需要平等相处，不应该把自己的利益和规则蛮横地凌驾在其他国家利益和国际规则之上。遇到问题总要讲道理，通过谈判来解决。美国目前的战略焦虑，使它失去了这样的耐心。人们已经很难看到，世界上头号强国应有的道义高点和风度。

问　　中国人之所以这样评论，或许主要原因是在中美冲突中，中国的利益受到了损害。

答　　这是两败俱伤的事情。中国的利益固然受到损害，但美国的利益也不会安然无恙。美国做两败俱伤的事情，留给盟友和其他国家的印象，也不那么光亮。

美国的战略步骤是拉拢盟友，一起来对付中国。百年变局下，各国都有自己的感受和判断。要求它们在中国和美国之间选边站队，是件强人所难且有失风度的事。结果，除少数国家听了进去，多数国家对美国的要求实际上是应付了之。

新加坡总理李显龙说得比较中肯："美国很难或者几乎不可能取代中国，成为世界最大的供应国，就像美国自己没有中国市场是不可想象的一样。但中国也无法取代美国在亚洲的经济地位。""基于这些原因，亚太国家不希望被迫在美中之间作出选择。它们希望与双方培养良好关系。它们承受不起疏远中国的代价。"

担任过法国总理的拉法兰表示："我很高兴看到中国有自己的雄心并取得了惊人成就。面对这个强国，我们应该问自己，欧洲是该对抗还是通过对话施加影响？"他希望欧洲不要成为中美两国"乒乓竞赛桌"上，那个被打来打去的"乒乓球"。

问 现在都在议论中美是否可能"脱钩"的问题，你怎么看？

答 中国是不主张中美"脱钩"的。在美国，"脱钩"的议论虽不缺国内政治上的支持，但总体上很难按美国的意愿做到，起码在工业制造、经济贸易上做不到。高科技领域的脱钩，危险是存在的，合作空间会越来越小。如果危险降临，也只能坦然面对。

为什么说坦然面对？这是中国从历史中得来的心理准备和自信底气。

马克·吐温说过一句名言："历史不会重复，但总在押韵。"200年前，拿破仑领导的法国，是世界上军事实力最强大的国家，他打遍欧洲，几无对手。于是，下决心和英吉利海峡对面的英国"脱钩"。拿破仑的做法是，任何一艘来自英国及其殖民地的船都不允许进入欧洲大陆的一切港口。结果呢？英国反而更加强大起来。

不怕"脱钩"的底气，还来自中国自身的经验。

改革开放初期，中国有一种"以市场换技术"的愿望，但市场开放出去了，真正的核心技术并没有换回来。于是，中国非常明白一个道理，就是习近平说的，"在引进高新技术上不能抱任何幻想"，"人家把核心技术当'定海神针''不二法器'，怎么可能提供给你呢？只有把核心技术掌握在自己手里，才能真正掌握竞争和发展的主动权"。

西方在高科技领域"卡"中国"脖子"的事情，并不少见。结果是越被"卡脖子"，越是激发出创新能力。中国太空空间站、超级计算机、北斗卫星导航系统、探月工程这些领域的进步，都是被卡脖子"卡"出来的。

中国曾经参与欧洲伽利略卫星导航系统建设，出了不少钱，但却不让参与核心技术，有的国家出钱少，权利却比中国多。没有办法，中国只好在 1994 年开始建设自己的北斗卫星导航系统。2020 年 6 月，随着最后一颗北斗三号卫星发射成功，北斗卫星导航系统顺利实现全球组网，成为和美国的 GPS 一样先进的导航系统。

问 不少人对中美关系的变局生出悲观的感觉，你觉得中美关系未来演变的趋势如何？

答 亨廷顿说："未来的世界和平，在相当大的程度上依赖于中国和美国的领导人协调两国各自利益的能力，以及避免紧张状态和对抗升级为更加激烈的冲突甚至暴力冲突的能力，而这些紧张状态和对抗将不可避免地存在。"

我们的看法是：竞争与合作并存，将是中美关系的"新常态"。

处于战略焦虑期的美国，看来是作出了比较躁动的选择。中美之间，"紧张状态和对抗将不可避免地存在"。中国的发展遇到的阻力和危机强度，将远超此前，只能主动识变，努力争取一个好的外部环境，态度是"不惹事，不怕事"。

竞争虽然在所难免，但合作才是"正道"和"大道"。美国的国家利益向世界延伸最远、辐射最广，一个更有秩序、相互合作的世界，肯定比一个充满不确定性的世界，更符合美国的利益。

尽管美国攻势凌厉，但中美双方都愿意而且能够管控危机。就像有些西方舆论说的那样，但愿美国最终意识到"中国是什么样子，就是什么样子"。双方关系虽然回不到过去，但挣脱当前的困扰，也不是没有办法。事实上就是两句话：要"公道"不要"霸道"；大国应该有大国的样子。中国和美国，毕竟都是成熟而伟大的国家。

路走对了，谁还怕行程遥远！

问 在百年变局中，中国走向未来，有什么安排和选择？

答 中国目前的所有重大决策，事实上都着眼于两个大局。一个是国内大局，叫"中华民族伟大复兴的战略全局"；一个是国际大局，就是"百年未有之大变局"。

问 中国语言很丰富，也很形象，足够让人揣摩许久。比如，"着眼于"是什么意思？

答 就是作重大决策时需要考虑的战略背景。部署安排走向未来的重大举措，首先要考虑的是，在国内，是否有利于推动中华民族复兴的历史进程；在世界，是否能够因应百年变局的趋势和大势。

能否把这两个大局联结起来，作出正确的决策，还涉及对"战略机遇期"的认识。

问 **"战略机遇期"这个概念，好像不是新近才提出来的。**

答 这是在 2002 年就已经提出来的一个判断。中国一向注意自身发展同历史趋势和国际环境的关系，以免落后时代或超越时代。有时候，丧失了时代机遇，再去做某些事情，要么是事倍功半，要么是欲速则不达。2002 年的设想是，新世纪头 20 年是发展的战略机遇期，要抓紧全面建设小康社会。

如今 20 年过去了，全面小康社会也已建成。随着百年变局的到来，中国自然会思考这个战略机遇期是不是还存在，下一步的工作重点是什么？经过反复观察和研判，得出的结论是：在当前和今后一个时期，仍然处于重要战略机遇期，但机遇和挑战都有新的发展变化。

问 **这又是中国语言的微妙处。必须要解释一下，才能懂。**

答 说"中国发展仍然处于重要战略机遇期"，意思是百年变局仍然是中国发展的机遇，中国要做的是在一个不稳定不确定的世界中，依然把重心放在发展上面，以塑造可以预期的未来，为不确定性的世界注入确定性。

说"机遇和挑战都有新的发展变化"，意思是过去中国的发展水平低、和别国的经济互补性强，因此能够顺势而上，再加上环境相对稳定，看清机遇和把握机遇比较容易；现在发展起来了，和别国的竞争多起来了，再加上百年变局中出现的一些不确定性，好比是逆风而上，遇到的挑战有时是风高浪急，把握机遇的难度增加了。只有准确认识变局、科学适应变局、主动创造新局，才能把握住战略机遇。

问 **在战略机遇期，中国有哪些不变的东西？**

答 中国有一个说法，叫"战略定力"。所谓战略定力，根本上是坚持和发展中国道路的信心和定力。

如何看事实上存在的中西方竞争关系，有多种观点。概括起来，分别有"经济利益之争""科技创新之争""国家地位之争""政治制度之争""意识形态之争"，等等。欧盟将中国定位成"制度竞争者"，有的翻译为"系统性竞争者"；美国白宫的一位官员甚至说是"文明之争"。

这些竞争，多多少少都有一些。但根本上可归结到国家发展道路之争。

道路决定命运。既然中国道路已经把中国引领到从未有过的高地，百年变局无论怎样变，都没有理由去改变它，相反应加倍地珍惜和维护这条道路。

西方不希望中国道路成为世界其他国家效法的榜样，其实，中国从来没有也不会这样做，而是尊重各国选择自己发展道路的自由。

中小国家或许能够不断变化自己的选择，身不由己地随着国际体系的动荡而飘移。像美国、欧盟、中国、俄罗斯、印度这样一些国家和区域化组织，道路的重塑受外部环境影响是有限的。

问 **你并不否定，中国走自己的道路还会遇到一些风险。你觉得风险主要在哪些方面？**

答 从中国道路本身来讲，风险来自两个方面。一是故步自封，满足于过去的成功，缺少活力去因应百年变局。一是在完善和发展它的过程中，处理重大事件出现战略误判，犯颠覆性错误，让中国道路不知不觉发生方向性改变。由于中国做对了事情，这些都没有发生。

问 **在百年变局中，中国做对了什么？**

答 比如，全面深化改革开放，是中国道路的前进动力。

习近平强调，"改革开放只有进行时，没有完成时"。无论在什么样的情况下，都会以冷静和理智的务实态度，通过全面深化改革，一心一意推进和发展中国道路。

比如，中国没有随贸易保护主义和逆全球化势力"起舞"，也没有为各种"回头浪"击倒，反而以更强的弹性和韧性深化和扩大开放，来化解外部的冲击，始终站在历史正确的一边。

在美国对华贸易战 2019 年渐入高潮的时候，中国制定《外商投资法》，让市场经济的更高标准先于中美贸易协议在中国推开。

2020 年，中国和亚太地区包括日本、韩国、澳大利亚等在内的 14 个国家，签署了区域全面经济伙伴关系协定，标志着全球人口规模和经济规模最大的区域形成了全面经济伙伴关系。这年最后一天，中国和欧盟又完成中欧投资协定的谈判，谈判成果如果能得到落实，将再次改变世界的"经济地理"。

有人说，国家道路能否引领国家向好的一面持续挺进，短期内看领导者的性格和能力，中长期看国家的战略定力和调适能力。遇到风险和挑战，中国当然也会进行政策调整。就像一列奔驰的火车，遇到意外险情可以减速，甚至可以暂停，搬去横在路基上的树木，清理塌方的土石，钉牢松动的铁轨，但无论怎样，绝不可以为了避险而脱离轨道。

只要不脱离中国道路的轨道，有这么深长的文明支撑、有这么强大的执政力量、有这么深切的复兴愿望、有这么厚实的创新活力，是可以让一列叫"复兴号"的列车驶往正确的目的地的。

问 **看起来，中国人对自己的未来很自信。这种自信有怎样的现实依据？**

答 从中外经济关系上来说，中国的市场和产业规模摆在那里，依然保持着对世界的吸引力。

美国好多政客都在给苹果公司施加压力，要求它把生产工厂搬离中国。截至目前，苹果一直没有做这件事。为什么？因为销量最好的时候，苹果需要外包工厂的峰值产量达到每天 100 万部，这大约需要 75 万名熟练工人。这个配套能力，目前只有中国才能比较快地把它们整合起来。

其他外国企业，仍然倾向于跟中国这个全球最大的产业链、供应链在一起。中国的产业链发展到什么程度？最近有人在网上分享自己有些像神话的经历。一个北方城市的制造企业急需一个模具，广东东莞一家公司接下这单业务。晚上 9 点，东莞团队根据客户要求开始 3D 打印，晚上 12 点打印完成后连夜发货快运，第二天，这家北方企业就用上了这个模具。

中国产品的另一个优势，是成本比较低。在淘宝网上可以查到，花 3 元或 4 元就能买到一把 5 米长的钢卷尺。它的成本有多少呢？最低的只有 0.79 元。这种成本控制能力的背后，是罕见的产业分工能力。

问 **在对外开放方面，有什么新的举措？**

答 最重要的举措，就是通过"一带一路"建设，与世界上一切相关国家构建互利共赢的经济交往新格局。

对外开放新格局，不光是"走出去"，也包括"引进来"。从 2018 年开始，中国作出一个让世界意外的举动：每年在上海举办一次国际进口博览会。先后有 150 多个国家和地区的 3000 多家企业，带着自己的产品来参展推销。这个平台，为世界各国开展全球贸易提供了新的选择。

在世界经济史上，还没有哪一个国家独立举办过以进口为主题的博览会。人们大都认为，贸易出口能更好地带动本国经济，而进口则要担当责任，要有能力、有市场、有国民的消费需求。中国举办如此大规模的进口博览会，愿意同世界分享自己的市场，展示出大国应有的道义和风度，以及维护贸易自由和经济全球化的胸怀和担当。

问 在贸易保护主义抬头、逆全球化思潮泛起的今天，中国为什么如此坚定地维护和推进经济全球化？

答 经济全球化促进了世界各国社会生产力的共同发展，是人类作出的正确选择，是不可改变的大势。目前出现了反对的声音，只要把做对的事情做得更好，理智的人们，最终会作出正确的选择。

问 谈谈对未来的期许。

答 世界各国正确的选择，将决定人类共同的未来会是什么模样。

一切过往，都成了一出历史长剧的序幕。未来的剧情，将更为可期。中国和世界，都会是这样。

人类走在塑造未来剧情的路上，而且永远在路上。

在路上，就有风景。巡看风景，注定要跋山涉水。

在路上，有能力的人走得快，带来骄傲；有定力的人走得远，能实现目标。更重要的是，只要路走对了，谁还怕行程遥远呢？

后　记

怎样讲中国故事，人们一直在尝试新的叙述方式。本书的写法，算是一种努力。

起因于和一个朋友的交谈，他说：你写过几本有关中国共产党、新中国、改革开放的历史和现实的书，有没有想过，跳出按时序叙述的传统，提炼出几个人们最为关切或不太理解的"问题"来叙述。因为，人们阅读中国，感知中国，常常是从"问题"开始的。

回想自己曾经和一些外国人讨论中国的经历，在国内一些地方讲课的经历，觉得实际情况确实如此。一般说来，人们总是先提出一些问题，然后由你来回答。回答过程中，对方偶尔有些插话提出不同看法，然后，你就会更详细地叙述某个问题或某件事情的来龙去脉，既讲道理，更讲故事。这样的讲述，或许是"阅读中国"比较直接和解渴的方式之一。

为此，本书设置了一个充满疑问且身份模糊的问答对象，说话很少，但提问不乏尖锐，以求"还原"叙述场景，争取产生一种人们说的阅读"带入感"。全书七章，围绕六个大问题展开叙述，第一章"读懂中国，难在哪？"实际上起着序篇的作用。

特此说明。

作　者
2021 年 5 月 1 日